Spanish Short Stories For Intermediate Level

Spanish Short Stories For Intermediate Level

Volume 2, Acquire Spanish With Short Stories, 20 Easy Spanish Short Stories For Intermediates. Learn Spanish the Natural Way

Acquire a Lot

San Rafael, California, USA

To my wonderful readers: Keep your dreams alive. The price of success is hard work and dedication.

Table of Contents

Introduction

This book is part of the Acquire Spanish With Short Stories series. This is the volume number 2 and contains 20 short stories of two or three pages, with an intermediate level, to put into practice what was learned in volume 1. Each short story has an introduction, development, and ending.

It is written using an intermediate level vocabulary, if you have a beginner level it is recommended to start with volume number 1 and then continue with this.

We recommend using the same techniques learned in the first volume, to acquire the language easily.

Reading, listening, and repeating.

The book is divided into 20 chapters, and every chapter has the following parts:

• A fun, easy to read story in Spanish, with a simple intermediate vocabulary.

• A brief summary of the story in Spanish and English.

• 5 questions about each story with answers.

Resources

- If you want to download all the stories translated to English for Free and more fun activities to enrich your vocabulary, you can visit our website: www.acquirealot.com/translated-stories

- Get your free copy of our 100 most used Spanish phrases for beginners list. When you sign-up and download the Translated Stories, you will also get a copy of this list!.

- Download the audio version of the book on audible.com

El clima irritante de Londres

Juan era un chico de 18 años, iba a viajar a Londres y estaba muy emocionado. Pedro era su mejor amigo y vivía en Londres desde hace mucho tiempo. Pedro amaba Londres por su clima, pero Juan no era muy fanático de ese lugar, ¿por qué? Simple, a Juan no gustaba   la lluvia.

- No, Pedro, no me gusta la lluvia. Tengo que esconderme bajo algún techo si llueve, a veces llego tarde al trabajo por la lluvia – decía Juan.

- Pero, Juan, no puedes arruinar tu día sólo por la lluvia, amigo – decía Pedro.

Juan recordó que en Londres siempre llovía, era invierno, por lo tanto, había muchas lluvias. Él no tenía miedo, pero iba a tener mucho estrés. Pedro, por otra parte, quería ayudarlo.

Ellos tenían mucho tiempo sin verse. Juan quería viajar y vivir algunos meses en Londres y tal vez se quedaría más. Tal vez. Pero, cuando Juan escuchó sobre los periodos alargados de lluvia, comenzó a dudar sobre sus planes.

Recogió todo y se fue al aeropuerto. El vuelo iba a durar poco, pero él estaba pensando solamente sobre cómo vivir de esa manera durante una gran parte del año. Él sabía que estaba exagerando su pensamiento sobre el exceso de lluvia, pero igual sentía malestar. En cuanto a las estaciones del año, su estación favorita era la primavera, pero, no podía dejar de estar molesto. Viajar a otro país es una gran decisión que él tomó.

Al llega, su mejor amigo Pedro lo esperó en el aeropuerto.

- ¿Juan? Tanto tiempo, amigo, ¿cómo has estado? Vamos, te ayudo con las maletas – dijo Pedro.

- Sí, gracias, ¿cómo va todo?

- Todo va bien acá, Juan. Durante estos días, he estado trabajando y conociendo muchas personas nuevas.

- ¡Qué bueno!

- Mientras tanto, vas a quedarte en mi casa, eres bienvenido, todo el tiempo que quieras.

- Muchas gracias, Pedro.

Los días pasaron en casa de Pedro y Juan estaba preocupado, pues no encontraba un empleo. Cuando Juan salía, se molestaba, porque siempre estaba lloviendo. Él decía que las gotas que caían en su piel le irritaban, se sentía molesto todo el tiempo. Llegar a casa empapado de lluvia era terrible. Pedro intentó ayudarlo, pero tampoco obtenía ninguna respuesta.

- Juan, toma, ten un paraguas – dijo Pedro cuando Juan estaba por salir.

- No quiero cargar muchas cosas conmigo, Pedro.

- Juan, acéptalo y llévate el paraguas – dijo Pedro con mucha autoridad.

- Está bien. – dijo Pedro.

Juan salió y las cosas fueron diferentes. Se sentía protegido. A pesar de que un paraguas no es un invento nuevo, para Juan lo era. Él era muy necio y nunca quiso llevar un paraguas, pero, cuando lo hizo, las cosas cambiaron. Sintió que así podía hacer diligencias y cumplir con sus tareas del día.

En cierto momento, vio en una vitrina algo que cambiaría su día a día.

- ¿Cuánto cuesta ese paraguas? – Preguntó Juan

- $10 – dijo el encargado

\-   Lo quiero, por favor – respondió Juan

¿El paraguas tenía algo de especial? Sí, lo tenía.

\-   Veo que te compraste un paraguas, Juan – dijo Pedro

\-   Sí, ¿y sabes qué es lo mejor? Lo puedo encoger tanto, que cabe dentro de mi bolso, esto es increíble.

\-   ¿Es enserio? ¡Muéstremelo! – dijo Pedro

Ambos rieron mucho y celebraron el cambio de ánimo de Juan. Durante los próximos días Juan comenzó a, estudiar, trabajar y hacer sus tareas normalmente, las cosas mejoraron para él.

Fin de la historia

Resumen/Summary

Español	**English**
Juan iba a viajar a Londres y no podía soportar el hecho de vivir en un lugar en donde siempre está lloviendo. Tomó su decisión de viajar a la ciudad, porque quería empezar una nueva vida y ver a su mejor amigo. Aunque al inicio las cosas no funcionaron bien gracias al clima y las pocas oportunidades laborales que tenía, al final pudo lidiar con la lluvia y consiguió un empleo y, así, Juan pudo quedarse en Londres.	Juan was going to travel to London and could not bear the fact of living in a place where it is always raining. He made his decision to travel to the city because he wanted to start a new life and see his best friend. Although at first things did not work out well due to the weather and the few job opportunities he had, in the end, he was able to deal with the rain and got a job and, thus, Juan was able to stay in London.

Preguntas

1. ¿Qué edad tenía Juan?

a) 20

b) 19

c) 15

d) 14

e) 18

2. ¿A qué ciudad viajaría Juan?

a) Caracas

b) Buenos Aires

c) Los Ángeles

d) Londres

e) Madrid

3. ¿Qué le dio Pedro a Juan?

a) Una computadora

b) Un paraguas

c) Un libro

d) Una taza

e) Una silla

4. ¿Cuánto costaba el paraguas de la vitrina?

a) $10

b) $50

c) $13

d) $14

e) $80

5.   ¿Qué puede hacer Juan con el paraguas?

a)   Venderlo

b)   Encogerlo

c)   Lanzarlo

d)   Abrirlo

e)   Botarlo

Respuestas

1.   E

2.   D

3.   B

4.   A

5.   B

La rutina que no podía atrapar

Daniel era un chico de 17 años que no podía apegarse a ninguna rutina. Intentaba crear una rutina, pero sólo podía seguirla una o dos días, después lo olvidaba por completo. Él se sentía muy mal por esto, porque sentía que no era productivo, en lo absoluto, y por eso estaba triste. Intentó muchas maneras, puso bastantes alarmas y redactó todos los hábitos que quería crear, pero no podía. Un día se reunió con amigos y ellos hablaron sobre sus rutinas.

- Mi rutina es sencilla, yo despierto temprano, preparo un desayuno saludable, me pongo cremas en la cara, y después salgo a trabajar. Esa es mi rutina –Dijo Andrés, un amigo de Daniel.

- En serio, ¿no lo olvidas? –Preguntó Daniel.

- No. De hecho, cuando salgo de casa y olvido algo, tengo que regresarme y terminarlo. Cuando olvido algo y estoy en la calle, simplemente me siento raro –Dijo Andrés.

- Entonces, ¿qué tengo que hacer para poder establecer una rutina? – Preguntó Daniel.

- Establecer una rutina es difícil, eso es lo que tienes que recordar primero, por ello, tienes que tener mucha disciplina –Dijo Andrés.

- ¿Qué quiere decir? –Preguntó Daniel.

- Si no deseas muchísimo crear tu rutina, simplemente no la vas a crear. Tienes que amar lo que haces, de otro modo será muy difícil establecer nada. Eso es lo que debes recordar. Mira, allí llega Gabriel, él nos puede hablar sobre sus rutinas –Dijo Andrés.

-   ¡Hola! ¿De qué están hablando? –Dijo Gabriel.

-   Daniel está diciendo que no puede crear una rutina, pero yo le digo que sí es posible, sólo debes tener mucha organización y disciplina -Andrés

-   ¡Eso es cierto! Mi rutina, por ejemplo, es despertar temprano, comer bien, e ir al gimnasio, allí duro dos horas. Después, llego a casa, me ducho, descanso, y comienzo a leer –Dijo Gabriel.

-   ¿Cómo puedes hacer eso? Si yo hago eso, al llegar a casa estaré muy cansado y, simplemente, dormiré –Dijo Daniel.

-   No, no puedes hacer. A ver, ¿qué quieres hacer? Nosotros te ayudaremos a crear tu rutina –Dijo Gabriel.

Daniel quería hacer muchas cosas y por eso nunca podía organizar nada, además, no tenía mucha motivación tampoco. Daniel quería practicar un deporte, específicamente Jiu Jitsu, también quería empezar a leer. Sin embargo, cuando elegía un libro, perdía la motivación y cuando quería entrar al gimnasio para pagar la mensualidad y practicar, así, el deporte, se sentía intimidado y se iba.

-   No puedes hacer muchas cosas, sólo elige dos al día. Eso es lo primero que vas a hacer. Luego, pon una alarma temprano y dúchate siempre al levantarte, eso te va a dar energía. Y, muy importante, tienes que obligarte a hacer eso. Elige un libro fácil y ve a pagar la membresía del gimnasio, yo te acompañaré –Dijo Andrés.

Ambos fueron al gimnasio y pagaron la membresía, Daniel ya estaba inscrito, en dos días empezaban las clases de Jiu Jitsu. También, Daniel eligió un libro fácil para leer.

Durante los primeros días, Andrés se sentía aburrido, iba a practicar Jiu Jitsu en la mañana y, al llegar a casa, leía. Pero, todo esto lo hacía en pocas horas y tenía el resto del día libre. Él se aburría mucho durante el resto del día, sin embargo, con el pasar del tiempo, finalmente comprobó que eso ya era su rutina y no podía faltar a ninguna clase, tampoco podía parar de leer.

Daniel lo logró, creo su rutina propia.

Fin de la historia

Resumen/Summary

Español	**English**
Daniel quería crear una rutina y no sabía cómo hacerlo. Habló con sus amigos y ellos le comentaron sobre sus rutinas, las cosas que hacían durante el día y cómo las mantenían. Daniel se inspiró de eso y pidió ayuda. Al final, uno de sus amigos lo ayudó a crear una rutina, lo acompañó al gimnasio y, a pesar de que, durante los primeros días, Daniel estaba teniendo dificultades para continuar con la rutina, finalmente pudo crear una y seguirla todos los días.	Daniel wanted to create a routine and didn't know how to do it. He talked to his friends and they told him about their routines, the things they did during the day, and how they kept them. Daniel was inspired by that and asked for help. In the end, one of his friends helped him create a routine, walked him to the gym, and even though Daniel was having a hard time sticking with the routine for the first few days, he was eventually able to create one and follow it every day.

Preguntas

1. ¿Qué edad tenía Daniel?

a) 19

b) 15

c) 17

d) 20

e) 13

2. ¿Qué intentaba crear Daniel?

a) Una rutina

b) Un revoltillo de huevos

c) Un nuevo hábito

d) Una canción

e) Una pintura

3. ¿Cómo era el desayuno de Andrés?

a) Barato

b) Caro

c) Increíble

d) Saludable

e) Pequeño

4. ¿Cuántas horas duraba Gabriel en el gimnasio?

a) 4 horas

b)   5 horas

c)   2 horas

d)   1 horas

e)   3 horas

5.   ¿Qué deporte quería practicar Daniel?

a)   Jiu Jitsu

b)   Karate

c)   Kung Fu

d)   Béisbol

e)   Futbol

Respuestas

1.   C

2.   A

3.   D

4.   C

5.   A

Los pasatiempos

El papá de José tenía muchos pasatiempos. Ese hombre hacía muchas cosas al día. A veces, él no hablaba con nadie, estaba muy concentrado en sus actividades. Su hijo siempre pensaba que era muy triste eso, porque hablar con personas es divertido y necesario. Pero, el papá siempre decía: "no me importa estar solo, me divierto mucho con mis cosas", sus cosas eran sus pasatiempos. El papá amaba dibujar y pintar, también veía muchas películas, y escribía cuentos (era un excelente escritor). Él estaba perdido en su mundo y, para él, eso era más que suficiente.

Por otra parte, José no tenía pasatiempos. Él sólo estudiaba, al llegar revisaba sus redes sociales, pero más nada. Él admite que muchas veces se siente muy aburrido. Ha pensado en hacer cosas, pero, pierde la motivación rápidamente. Él tiene así mucho tiempo, no siente ganas de hacer cosas nuevas, aunque quiere. Él a veces juega videojuegos, pero se aburre fácilmente, porque ya ha jugado la mayoría y ningún juego puede entretenerlo.

Sus amigos lo invitan a jugar futbol, pero él no quiere salir. José no ama los deportes, él es alguien muy tranquilo, que prefiere quedarse en casa y hacer cosas allí, en vez de salir, pero ahora se enfrentaba con un problema: no tenía cosas por hacer. Durante varios días quiso hablar con su padre al respecto, pero tampoco quería molestarlo. Aunque, un día tuvo el valor para hacerlo, se acercó y le habló.

-    Papá, ¿cómo haces tantas cosas? –Preguntó José.

- Bueno, hijo, empecé estos pasatiempos hace mucho tiempo – Respondió su padre.

- Pero, ¿cómo lo hiciste? Yo quiero tener pasatiempos también – dijo José.

- Pues, yo amaba lo que hacía y aún amo lo que hago, eso es lo más importante, debes tener mucho interés en una actividad para empieces a realizarla, ¿tienes alguna actividad así? – Preguntó su padre.

- No realmente... O sea, sí, quiero hacer algunas cosas –Respondió su hijo.

- ¿Cuáles cosas? –Preguntó su padre.

- Bueno, quiero leer, leer muchos libros, pero a veces pierdo la motivación y no hago nada – Respondió José.

- ¿Seguro que quieres leer? Si eso es verdad, entonces no perderías la motivación –Respondió su padre.

- Sí, sí quiero leer. Pero, cuando tomo un libro nuevo, simplemente me aburro muy rápido – Respondió José.

- Oh, ya entiendo tu problema. Esto tiene solución, ya lo verás. Fíjate, aunque no lo creas, a veces yo también pierdo la motivación, a veces alguna película me parece aburrida y no quiero verla –Dijo su padre.

- Pero... Al final sí la ves, aunque al principio pensaste que era aburrida, ¿por qué lo haces? – Preguntó José.

- Simple, ahora escucha bien: a veces tienes que obligarte a hacer cosas. La motivación no viene de la nada, la motivación viene de la acción y es tu deber hacer cosas para obtener motivación.

José pensó que, lo que su padre dijo, era ciertamente profundo y muy importante. Recordó esa frase después de unos días y no le prestó mucha atención, sin embargo, decidió intentarlo, nada perdía con eso. Tomó un libro y empezó a leer, cuando comenzó a aburrirse, no se detuvo, continuó la lectura.

Después de varios meses, José adquirió el hábito de la lectura, es su nuevo pasatiempo. Y, además, José detesta que lo interrumpan cuando está leyendo.

Fin de la historia

Resumen/Summary

Español

José quería desarrollar un pasatiempo, quería una actividad en donde pudiese perderse por horas, pero no encontraba ninguna. Se fijó en su padre, pues él tenía muchos pasatiempos, por eso le pidió consejos a él. Su padre le dijo que la motivación, el amar una actividad, es muy importante para poder continuar haciéndola, también era importante obligarte a hacer las cosas para desarrollar disciplina. Después de unos días, siguiendo los consejos de su padre, José comenzó a leer y ahora es su pasatiempo favorito.

English

José wanted to develop a hobby, he wanted an activity where he could get lost for hours, but he couldn't find any. He looked his father, because he had many hobbies, so he asked him for advice. His father told him that motivation, loving an activity, is very important to be able to continue doing it, it was also important to force yourself to do things to develop discipline. After a few days, following his father's advice, José began to read and now it is his favorite hobby.

Preguntas

1.   ¿Qué tenía el papá de José?

a)   Muchas plantas

b)   Muchos pasatiempos

c)   Zapatos

d)   Gorros

e)   Bolsos

2.   ¿Qué hacía José después de estudiar?

a)   Revisar sus redes sociales

b)   Dormir

c)   Jugar videojuegos

d)   Leer

e)   Cocinar

3.   ¿Qué pierde José rápidamente?

a)   La paciencia

b)   El dinero

c)   La energía

d)   La motivación

e)   El tiempo

4.   ¿Qué pasa cuando José toma un libro nuevo?

a)   Se aburre muy rápido

b)   Se duerme

c)   Lo deja en donde estaba

d)   Lo vende

e)   Lo esconde

5.   ¿Qué hábito adquirió José?

a)   La lectura

b)   El ejercicio

c)   Comer mejor

d)   La meditación

e)   Dormir mejor

Respuestas

1.   B

2.   A

3.   D

4.   A

5.   A

Miguel y los vegetales

- ¿Cuál es tu comida favorita? – Preguntó Daniela

- La hamburguesa, especialmente la que tiene doble carne y panceta – respondió Miguel.

Miguel no era fanático de los vegetales, él ama la carne, el pollo, todo, excepto los vegetales. Cuando él era pequeño, no comía vegetales, su madre le daba vegetales, pero él no quería comer eso. Él decía que no se sentía lleno después de comer, por eso, prefería comer carne, cualquier otra cosa, excepto vegetales. Las hamburguesas eran su comida favorita. Su día favorito era cuando su padre lo llevaba a comer hamburguesas y después iban a comer pollo, él amaba esos días, porque, al salir, se sentía lleno, contento, y con mucha energía, pero, con los vegetales todo era diferente, él no se sentía lleno y tenía mucha más hambre.

Su madre decía que comer mucha carne era malo, pero a él no le importaba, él sólo quería sentirse feliz después de comer. Su madre dejó de insistir, su padre también, así que Miguel creció comiendo muchas hamburguesas, pollo, cualquier cosa, excepto vegetales y él se negaba a cambiar ese hábito. Muchos años después, conoció a Daniela, su mejor amiga.

- Pero, Miguel, no entiendo, ¿por qué no te gustan los vegetales? Son deliciosos, mi vegetal favorito es el brócoli –Dijo Daniela.

- Ugh, odio el brócoli, no me gusta, es asqueroso. No lo sé, cuando como vegetales, no me siento lleno. Me gusta sentirme lleno después de comer –Respondió Miguel.

Entonces, allí Daniela hizo una pregunta muy importante.

- Pero, Miguel, ¿alguna vez probaste el brócoli? –Preguntó Daniela.

Miguel se quedó en silencio.

- Bueno... No. Cuando mi mamá me lo dio, yo olí el vegetal, pero lo rechacé y no lo comí – Respondió Miguel.

- Mmmm, sí, eso veo. Vamos a hacer una cosa, vas a probar los vegetales por primera vez y si no te gustan, entonces no los vas a comer nunca más. Pero, haz el intento, jamás hiciste el intento, hazlo hoy, ¿está bien? – Preguntó Daniela.

- Está bien –Respondió Miguel, no estaba muy emocionado, pero no tenía opción.

En ese momento, fueron a casa de Daniela. Daniela cocinaba muy bien, ella quería ser chef, era muy buena, su familia amaba sus platos, y ella adoraba cocinar con vegetales. Conocía muchas rectas con brócoli, calabacín, berenjena, tomates, entre otras.

En esta ocasión, Daniela quiso darle a Miguel algo ligero, algo con tomates y calabacín, después pensó hacer algo diferente, algo más elaborado con brócoli. Entonces, Daniela preparó huevos con calabacín y tomates. El plato quedó delicioso. Cuando Miguel vio el plato, dudó, pero decidió probarlo. Daniela miraba su cara, con mucha emoción, pues esperaba una respuesta positiva.

- Tengo que decir algo –Dijo Miguel.

- Dime, ¿te gustó? –Preguntó Daniela.

- No me gustó –Dijo Miguel.

- Oh... -Respondió Daniela decepcionada.

- ¡Me encantó! – Respondió otra vez Miguel con mucha emoción.

- ¡Sí! – Respondió Daniela de inmediato.

En ese instante, Daniela saltó y comenzó a preparar algo con brócoli, porque sabía que Miguel amaría el resto de sus recetas.

Y, fue así, como una tarde, Miguel decidió dejar de comer tantas hamburguesas y comenzó a comer más vegetales.

Fin de la historia

Resumen/Summary

Español

Miguel no era fanático de los vegetales. Siempre rechazó los vegetales que su madre le daba. Pero, un día, Daniela, su mejor amiga, lo convenció y le hizo huevos con calabacín y tomate; desde ese momento, Miguel quedó fascinado. Desde ese mismo día, Miguel dejó de comer tantas hamburguesas y comenzó a comer más vegetales.

English

Miguel was not a fan of vegetables. He always refused the vegetables that his mother gave him. But, one day, Daniela, his best friend, convinced him and made him eggs with zucchini and tomato; From that moment, Miguel was fascinated. From that day on, Miguel stopped eating so many hamburgers and started eating more vegetables.

Preguntas

1. ¿Cuál era la comida favorita de Miguel?
a) La hamburguesa
b) El arroz
c) El pollo
d) La carne
e) El pescado

2. ¿Cuántas carnes tenía la hamburguesa favorita de Miguel?
a) 4
b) 5
c) 1
d) 2
e) 6

3. ¿Qué no comía Miguel cuando era pequeño?
a) Arroz
b) Hamburguesas
c) Pollo
d) Vegetales
e) Avena

4. ¿Cómo se llama la mejor amiga de Miguel?
a) María
b) Alejandra
c) Eva
d) Paola
e) Daniela

5. ¿Cuál era el vegetal favorito de Daniela?
a) Calabacín
b) Zanahoria
c) Brócoli
d) Cilantro
e) Tomate

Respuestas

1.	A
2.	D
3.	D
4.	E
5.	C

En búsqueda de trabajo

Era el último año de la secundaria. Muchos estudiantes, al salir de la secundaria, buscaban trabajo, otros se iban a estudiar a la universidad, pero la mayoría prefería buscar trabajo. Sin embargo, muchos no sabían cómo buscar trabajo.

-    Es normal tener dudas e inseguridades, porque ustedes no tienen experiencia y, en muchos trabajos, un requisito principal es ese mismo, la experiencia –Decía María, la profesora.

Era cierto, por eso, muchos estudiantes no sabían qué hacer. Además, no sabían a dónde acudir, pues no tenían una habilidad específica, muchos no eran vendedores, por lo tanto, no podían comenzar a trabajar siendo vendedores. Así que, no sólo era la falta de experiencia, sino que tampoco sabían a qué área acudir.

-    Pero, chicos, no se preocupen, yo los ayudaré. Yo estaba en esa posición hace 25 años y yo pude encontrar trabajo y, más importante, sin tener experiencia –Decía María.

En ese momento todos se quedaron sorprendidos, ¿cómo es posible conseguir trabajo sin experiencia? Muchos chicos lo intentaron, pero también fracasaron, no aceptaban los currículos y simplemente no querían a gente sin experiencia. Además, muchos de ellos eran jóvenes y su condición física no era la mejor, por ello, en muchos trabajos en donde la condición física (como en almacenes) no aceptaron a esos chicos, porque requerían de personas altas y fuertes.

-    Lo primero que tengo que decirles es que será difícil, como ya saben, porque no todos aceptan personas sin experiencia, pero no va a ser imposible encontrar uno. Muchas empresas están buscando nuevos talentos, eso no lo olviden. Además, esa experiencia se obtiene allí, trabajando, y muchas empresas entienden esto cuando desean contratar gente nueva –Dijo María.

En ese instante, un estudiante hizo una pregunta importante.

-   Profesora, ¿cómo consiguió usted su primer trabajo? –Preguntó un estudiante.

-   Bueno... -Respondió la profesora.

En ese instante, ella empezó a contar sobre cómo encontró su primer empleo. Al principio fue difícil para ella, porque nadie quería contratarla. No tenía experiencia, como todos sus estudiantes y, además, vivía muy lejos y muchas empresas no querían contratar a personas que vivían lejos, porque el transporte iba a ser complicado. Además, ella tenía piercings en ese entonces, en la nariz y en la boca y muchos lugares no querían a personas con perforaciones así. Sin embargo, la profesora María no se rindió y continuó buscando.

Dos semanas después, llegó a una oficina, allí trabajaría como secretaria y traductora. El dueño en la oficina entrevistó a mucha gente, por lo tanto, la competencia para María era grande. María hizo la entrevista, demostró su nivel de inglés, y salió de allí. Ella pensó que no la iban a contratar, pero un día la llamaron y le anunciaron algo importante.

-   Tu nivel de inglés es el mejor, ¿puedes empezar mañana? –Dijo el dueño de la oficina.

María estaba muy emocionada, porque a pesar de sus piercings y su falta de experiencia, ella demostró un potencial y voluntad increíble para comenzar a trabajar allí. Al día siguiente empezó a trabajar.

-   Estuvo allí alrededor de tres años. Pero, chicos, el punto es el siguiente: no se rindan y demuestren el potencial y voluntad que tienen para comenzar a trabajar.

Algunos meses después, ella recibió mensajes de sus estudiantes, todos habían encontrado empleo. María estaba muy feliz.

Fin de la historia

Resumen/Summary

Español

La profesora María estaba hablando con sus estudiantes, dando consejos sobre cómo encontrar un trabajo al salir de la secundaria, además de eso, ella también hablaba sobre todas las dificultades que ellos tendrán al tratar de encontrar un empleo. En cierto momento, ella comienza a hablar sobre su experiencia, lo que ella vivió para encontrar un empleo. Muchos meses después, recibe muchos mensajes de sus estudiantes, ellos decían que pudieron conseguir empleo. Y, así, María fue muy feliz.

English

Teacher Maria was talking to her students, advising on how to find a job after high school, in addition to that, she was also talking about all the difficulties that they will have when trying to find a job. At a certain point, she begins to talk about her experience, what she went through to find a job. Many months later, she receives many messages from her students, they said that they were able to get a job. And so, Maria was very happy.

Preguntas

1.   ¿Qué hacen la mayoría de los estudiantes al salir de la secundaria?
a)   Ir a la universidad
b)   Buscar trabajo
c)   Nada
d)   Reunir dinero
e)   Viajar

2.   ¿Cómo se llama la profesora?
a)   Alejandra
b)   Ariana
c)   María
d)   Fernanda
e)   Alex

3.   ¿Cuál es el requisito principal en muchos trabajos?
a)   Condición física
b)   Experiencia
c)   Responsabilidad
d)   Puntualidad
e)   Buena imagen

4.   ¿Por qué muchas empresas no querían contratar a personas que vivían lejos?
a)   Porque el transporte era complicado
b)   Porque la comunicación era imposible
c)   Porque no iban a ser muy puntuales
d)   Porque iban a necesitar de un sueldo mayor
e)   Porque prefieren personas cercanas

5.   ¿Qué tenía la profesora María cuando estaba buscando trabajo?
a)   Pereza
b)   Voluntad
c)   Piercings
d)   Cabello corto

e)   Energía

Respuestas

1.   B
2.   C
3.   B
4.   A
5.   C

Compras de emergencia

Gabriela y sus padres siempre compraban ropa para navidad. El día de navidad y de año nuevo siempre estrenaban prendas nuevas, era una tradición para ellos, sobre todo el día de año nuevo, pues era un nuevo comienzo y, por lo tanto, ellos siempre compraban ropa para recibir el nuevo año. No era sólo una tradición para ellos, sino para todo el mundo. Sus vecinos hacían lo mismo, pues la navidad en general era muy importante. Al mismo tiempo, era la época favorita de Gabriela, pues ella amaba comprar ropa, sobre todo faldas, ella amaba usar faldas.

Sin embargo, las cosas estaban a punto de cambiar, pues la navidad se acercaba y ellos aún no iban a comprar la ropa nueva.

- Mamá, ¿por qué no hemos ido a comprar la ropa para navidad? Faltan dos días –Dijo Gabriela.

- Porque tu padre aún no recibe un dinero importante, con ese dinero podremos comprar la ropa, pero él aún no tiene dinero – Respondió su madre.

- Ay, mamá, tengo miedo, no sé si podremos comprar ropa este año –Dijo Gabriela.

- Yo me siento igual, hija, yo tengo el mismo presentimiento – Respondió su madre.

- Además, no quiero ver a papá triste sin su corbata, pues él ama mucho sus corbatas y no puede pasar un año entero sin comprar una corbata nueva –Respondió Gabriela.

La madre asintió, pues era una situación grave, pero ella mantenía las esperanzas. Gabriela estaba igual, se sentía igual, mantenía las esperanzas. Decidieron hablar sobre otra cosa durante el resto del día.

Pasaron dos días, Gabriela despertó en la mañana, ese día era navidad y aún no habían comprado la ropa. Gabriela estaba triste, justo en ese instante.

- Sí, ya entiendo, este año no tendré ropa nueva –Dijo Gabriela.

Sin embargo, en ese instante, la puerta se abrió, fuertemente, y allí estaba el papá de ella.

- Ayer no vine a casa, porque estaba resolviendo unos asuntos importantes. Ahora, vístete, tú también, amor, vístete, tenemos que irnos al centro a comprar la ropa para hoy. ¡Rápido! –Dijo el padre de Gabriela.

La madre y Gabriela sonrieron y en menos de cinco segundos ya estaban en el auto, conduciendo para ir a comprar ropa nueva.

Ese día, el centro estaba repleto de personas, era increíble. Era casi imposible caminar. Había demasiadas personas en las tiendas, las colas eran infinitas. Allí, Gabriela y sus padres se miraron y supieron que esto iba a ser muy difícil. Era imposible caminar por la calle, pues no había espacio, así que buscaron callejones solitarios para poder explorar el centro.

Entraron en algunas tiendas que tenían menos personas, sin embargo, no encontraron ropa buena. El padre estaba buscando corbatas, pero allí eran muy caras y feas. La madre estaba buscando pantalones, pero ninguno era bonito, y Gabriela buscaba faldas, pero ninguna llamaba su atención. Ellos se miraron y continuaron buscando. Faltaban pocas horas para la noche.

Después de 1 hora buscando, querían rendirse, pues era imposible encontrar ropa bonita ese día, las personas ya se habían llevado todo.

Pero, algo mágico ocurrió. Cuando caminaban hacia el auto, pues se rindieron y no iban a comprar ropa, de repente el padre escuchó una voz.

- Señor, su corbata es muy linda, ¿le interesan las corbatas? –Dijo el vendedor en la puerta.

Los tres voltearon, encontraron una tienda totalmente vacía. Allí la mamá de Gabriela compró zapatos muy lindos, Gabriela compró una falda verde y un suéter bastante cómodo y el padre de Gabriela compró camisas y varias corbatas por un buen precio.

Ese día la familia de Gabriela tuvo ropa nueva y una bonita navidad.

Fin de la historia

Resumen/Summary

Español

Gabriela y su familia siempre compraban ropa para navidad. Esta vez Gabriela pensó que no iban a poder comprar ropa, porque a su padre no le habían pagado. Al final lo hicieron y fueron a comprar ropa, pero había demasiada gente y era casi imposible caminar, las colas eran enormes y ellos no tenían mucho tiempo, ya que fueron el día de navidad. Pero, cuando estaban por rendirse, encontraron una tienda escondida, allí pudieron comprar todo y finalmente hicieron de su noche algo especial como siempre.

English

Gabriela and her family always bought clothes for Christmas. This time Gabriela thought that they were not going to be able to buy clothes, because her father had not been paid. In the end they did and they went to buy clothes, but there were too many people and it was almost impossible to walk, the queues were huge and they didn't have much time, since they went on Christmas day. But, when they were about to give up, they found a hidden store, there they were able to buy everything and finally made their night special as always.

Preguntas

1.   ¿Qué compraban siempre Gabriela y sus padres para navidad?
a)   Ropa
b)   Accesorios
c)   Comida
d)   Tazas
e)   Telas

2.   ¿Cuál era la época favorita de Gabriela?
a)   Halloween
b)   San Valentín
c)   Navidad
d)   Día de acción de gracias
e)   Carnaval

3.   ¿Qué amaba usar Gabriela?
a)   Zapatos
b)   Camisas
c)   Corbatas
d)   Pantalones
e)   Faldas

4.   ¿Qué compró la mamá de Gabriela?
a)   Zapatos
b)   Corbatas
c)   Camisas
d)   Faldas
e)   Suéteres

5.   ¿Qué estaba buscando el padre de Gabriela?
a)   Camisas
b)   Cinturones
c)   Shorts
d)   Corbatas
e)   Faldas

Respuestas

1. A
2. C
3. E
4. A
5. D

El pueblito alemán

Michael un día decidió irse de viaje. Estaba solo en su habitación, se sentía triste, así que decidió tomar un autobús y marcharse a algún lugar. Necesitaba un cambio, hacer algo diferente, porque su vida ya era muy aburrida; los mismos lugares, las mismas personas, los mismos momentos. No, Michael necesitaba algo diferente y tenía que hacer algo ya mismo.

Estuvo un rato enorme buscando cosas en Instagram, cuando de repente encontró una excursión. Esta excursión estaba organizada por dos personas que poseían un autobús, la excursión duraba dos días, en un pueblito mágico alemán un poco alejado. El precio que Michael debía pagar era bajo, de hecho, ya tenía el dinero. Michael nunca salió de viaje solo, nunca hizo una excursión solo, pero esta vez sintió muchas ganas de hacerlo. La excursión también incluía comida y un paseo a través de todo el pueblito.

-    Lo haré, ¿por qué no? No tengo nada que perder –Dijo Michael.

Contactó a las personas, hizo el pago, y esperó. El autobús saldría en dos días, a las 7 de la mañana. Michael estaba asustado, era una idea increíble, pero seguía asustado. No sabía cuál iba a ser el resultado. Pasó los siguientes dos días escribiendo y haciendo muchas cosas, sólo quería pasar el tiempo hasta el día de la salida. Habló con sus padres. Su padre le contó que él hizo lo mismo cuando era joven y afirmó que esa fue una idea increíble, que lo volvería a hacer.

El día se acercó, Michael despertó temprano. La noche anterior ya había preparado todo para el viaje. Llevaba su cámara, dejó su teléfono, y llevaba también algo más de comida. Llegó al lugar en donde la gente se reunió antes de salir. Conoció a personas increíbles ese mismo día. Alejandra era una chica muy linda que estuvo conversando con él durante todo el viaje. En ese instante, Michael se arrepintió de no traer su teléfono, pero eso ya no importaba.

Llegaron al pueblo y Michael quedó maravillado. El lugar parecía muy antiguo, pero todo se mantenía limpio, en orden, y todo estaba muy cuidado. Alejandra y él caminaron hacia un bar que estaba allí. Todas las personas de la excursión tuvieron pocas horas para visitar el pueblito, para ir a cualquier lugar, luego regresarían a un punto de concentración. Entonces, Alejandra y Michael estaban en el bar y conocieron a las personas allí. Uno de los mesoneros dijo algo curioso.

- Tengo trabajando en este bar unos 100 años aproximadamente –Dijo el mesonero.

Alejandra y Michael estaban incrédulos.

- Debe estar loco. Sí, seguramente, nadie puede trabajar durante 100 años, qué locura -Dijeron Alejandra y Michael.

Horas después estaban en un pequeño jardín. Las flores eran muy bonitas, azules y moradas, y entre ellas, Michael juró ver pequeños duendes saltando.

- ¡Mira eso! –Dijo Michael

- ¡Sí! ¡Lo veo! –Respondió Alejandra

El resto del día estuvo lleno de diversión. Alejandra y Michael conocieron el resto del pueblito. Al día siguiente caminaron hacia una montaña y el panorama era precioso. Después de eso tuvieron que regresar y en pocas horas, ya Michael estaba cerca de su casa. Pero, en ese momento, algo ocurrió.

- ¿Qué pasó? –Preguntó él.

- Pues, te escuchamos decir cosas raras, hijo, y por eso vinimos corriendo acá. Tienes mucho rato durmiendo –Dijo su madre.

- ¿Durmiendo? Pero, yo estaba en un pueblito alemán –Respondió Michael.

- Tranquilo, hijo, toma agua y vuelve a dormir. Debes estar muy cansado –Respondió su madre.

- Está... Está bien –Respondió Michael.

Pero, en ese instante, cuando sus padres estaban fuera de la habitación, Michael vio un pequeño duende salir de un cajón y también recibió un mensaje de Alejandra.

Michael sonrió.

Fin de la historia

Resumen/Summary

Español	**English**
Michael decidió irse de excursión solo a un viejo pueblito alemán. La pasó muy bien, conoció a una chica llamada Alejandra y conocieron a personas muy extrañas. Conocieron a un hombre que tenía trabajando unos 100 años aproximadamente, y también vieron pequeños duendes. Pero, sus padres despertaron a Michael de un sueño y Michael estaba de nuevo en su habitación. Sin embargo, aunque parecía que todo fue un sueño, él supo que no lo fue, porque recibió un mensaje de Alejandra y vio a un duende salir de un cajón.	Michael decided to go on a hike alone to an old German town. He had a great time, he met a girl named Alejandra and they met some very strange people. They met a man who had been working for about 100 years, and they also saw little goblins. But, his parents woke Michael up from a dream and Michael was back in his room. However, although it seemed that everything was a dream, he knew that it was not, because he received a message from Alejandra and saw a goblin come out of a drawer.

Preguntas

1.   ¿Qué decidió Michael?
a)   Irse de viaje
b)   Caminar
c)   Comer
d)   Quedarse en casa
e)   Comprar muchas cosas

2.   ¿Qué necesitaba Michael?
a)   Dormir
b)   Un cambio
c)   Ropa nueva
d)   Más comida
e)   Más amigos

3.   ¿En dónde encontró Michael la excursión?
a)   En internet
b)   En el periódico
c)   En Instagram
d)   En las noticias
e)   En una agencia de viajes

4.   ¿A qué hora salió el autobús?
a)   A las 8 de la mañana
b)   A las 9 de la mañana
c)   A las 4 de la tarde
d)   A las 7 de la mañana
e)   A las 5 de la mañana

5.   ¿Cómo se llamaba la chica que Michael conoció en la excursión?
a)   Christina
b)   María
c)   Andrea
d)   Carolina
e)   Alejandra

Respuestas

1.   A
2.   B
3.   C
4.   D
5.   E

El mundo en la playa

-       Amor, vámonos a la playa, mañana –Dijo Pedro.

-       ¿En serio? –Respondió Mariangel.

-       Sí, en serio, mañana –Respondió Pedro.

No faltó ninguna palabra, ese mismo día hicieron los preparativos, porque al día siguiente se fueron a la playa. Pedro y Mariangel eran recién casados y querían disfrutar de los primeros años de su matrimonio. Ellos se amaban mucho. Se conocían desde la universidad, era una pareja que estaba destinada a estar junta, desde hace mucho tiempo y ellos sabían eso muy bien. Ellos ya viajaron a muchos lugares, fueron a Paris, también a Alemania, y a Italia. Esta vez querían irse a un lugar más cercano y simplemente pasarla bien.

Decidieron irse a la playa, pues era el lugar favorito de ambos, pero, no se quedarían un día.

-    Pero, vamos a quedarnos siete días –Propuso Pedro.

-    ¿En serio? –Preguntó Mariangel.

-    Sí, en serio, vamos a disfrutar de la playa. Tenemos mucho tiempo sin ir –Respondió Pedro.

-    Sí, tienes toda la razón.

Al día siguiente partieron. Usaron el auto de Pedro. Después de unas cuatro horas, llegaron a la playa. No quisieron quedarse en ningún hotel. Quisieron resguardarse en un lugar cercano, protegido de cualquier eventualidad. Llevaron carpas, mucha comida, gasolina, y varios juegos para pasar los 7 días en la playa. Al llegar, armaron la carpa y notaron que el día estaba soleado.

- Vamos a dejar nuestra ropa aquí y vamos a la playa a disfrutar del verano –Propuso Pedro.

Mariangel asintió y fueron al mar. Disfrutaron mucho los primeros dos días. Pedro estuvo bebiendo alcohol, comieron mucho, y se relajaron como nunca antes allí en la playa. Tenían mucho tiempo sin ir y allí recordaron que ese era el mejor lugar del mundo. Regresaban a la carpa a descansar y a dormir. Despertaban muy tarde, pero eso no importaba, porque eran días increíbles.

Sin embargo, al tercer día, las cosas cambiaron. Pues ambos estaban durmiendo y se despertaron con una sorpresa.

- ¿Qué es eso? –Preguntó Mariangel.

- Es... Lluvia, está lloviendo –Respondió Pedro.

- Sí, y muy fuerte, no podemos salir de la carpa, Pedro –Respondió Mariangel.

- Vamos a calmarnos. Sólo podemos esperar aquí –Dijo Pedro.

Ambos odiaban la lluvia, porque no podían hacer nada. No podían salir de la carpa, no podían entrar en el agua. Además, todas las cosas estaban en el auto y tenían que mojarse para llegar allí. Mariangel fue a buscar comida y algunos libros, pues ambos sólo podían acostarse para comer y leer.

En todo el día no dejó de llover. Ambos estaban furiosos, porque querían disfrutar del mar y de los siete días que iban a pasar allí, en la playa, pero la lluvia estaba arruinando todo. Así que pasaron los próximos dos días allí, en la carpa, sólo comiendo, hablando, durmiendo, y leyendo. A pesar de todo, fue un momento bonito, un momento en el que estaban junto y pudieron conversar mucho. Al quinto día, ya perdían las esperanzas, porque aún llovía. Así que, en la noche del quinto día, ambos durmieron y estaban convencidos de una cosa: iban a regresar a casa con ese clima, con lluvia y mucho frío.

Pero, algo ocurrió.

- ¿Qué está pasando? –Preguntó Mariangel.

- ¡Despierta! Mira el sol allí, vamos al mar –Respondió Pedro.

El sol regresó, disfrutaron del mar y de la playa durante los últimos dos días y después regresaron. Estaban felices, porque a pesar del clima diferente, disfrutaron de una semana maravillosa.

Fin de la historia

Resumen/Summary

Español

English

Pedro y Mariangel se fueron a la playa durante siete días. Ellos querían disfrutar del lugar, tenían tiempo sin salir, así que querían disfrutar de esa semana para ellos nada más. Sin embargo, el clima estropeó sus planes, porque comenzó a llover mucho y no pudieron salir de la carpa. Sin embargo, esto no duró mucho tiempo, porque durante los últimos días dejó de llover y pudieron disfrutar de la playa.

Pedro and Mariangel went to the beach for seven days. They wanted to enjoy the place, they had time without going out, so they wanted to enjoy that week for themselves. However, the weather spoiled their plans, because it started to rain heavily and they couldn't get out of the tent. However, this did not last long, because during the last few days it stopped raining and they were able to enjoy the beach.

Preguntas

1. ¿Qué propuso Pedro?
a) Un viaje a otro país
b) Una cena romántica
c) Un viaje a la playa
d) Una reunión con amigos
e) Un concierto

2. ¿Cuándo hicieron los preparativos?
a) Ese mismo día
b) Dos días antes
c) Hace una semana
d) Hace dos años
e) La noche anterior

3. ¿En dónde se conocieron Pedro y Mariangel?
a) En otra ciudad
b) En Alemania
c) En la universidad
d) En un concierto
e) En una fiesta

4. ¿Cuántos días se quedaron en la playa?
a) Ocho
b) Tres
c) Cuatro
d) Siete
e) Uno

5. ¿En dónde dormían Pedro y Mariangel?
a) En un auto
b) En la carpa
c) En el hotel
d) En una casa
e) En el mar

Respuestas

1.   C
2.   A
3.   C
4.   D
5.   B

La abuela mágica

El nieto de Magaly, Antonio, era alguien muy perezoso, no ayudaba a su abuela. La rutina de Antonio era terrible y horrenda. Él despertaba muy tarde, a las 11 de la mañana, se quedaba en la cama con su celular, revisando sus redes sociales, después se levantaba, cepillaba sus dientes y se iba a dormir una vez más. Después, despertaba de nuevo, iba a comer, y jugaba videojuegos por horas. Además, su habitación era horrible, pues nunca limpiaba su habitación y, además, su abuela no podía limpiar su habitación.

- No, no vas a pasar –Decía él.

- Está bien, está bien –Respondía su abuela.

La señora Magaly limpiaba el resto de la casa. La casa era muy limpia, pero esto ocurría gracias al trabajo duro de Magaly, Antonio nunca ayudaba en nada. Magaly despertaba muy temprano, a las 6 de la mañana, para limpiar la casa, preparaba café, y se sentaba a leer, después cocinaba, alimentaba a las mascotas, y después limpiaba una vez más.

- Mantener una casa es difícil, la limpieza es constante y esto no se puede olvidar –Solía decir Magaly.

Pero, la verdad es que ella, aunque estaba ocupada todo el día, muchas veces se sentía mal, porque su nieto Antonio no salía de la habitación, no la ayudaba. A pesar de que Magaly era una señora independiente y fuerte, no compartir tiempo con Antonio la hería profundamente. Además, ella se molestaba, porque Antonio no trabajaba, no limpiaba, sólo se quedaba en su habitación.

Un día, Antonio salió de su habitación, ella quiso entrar, pero Antonio dijo: "No". En ese instante, ella respondió algo más.

- Ven, Antonio, siéntate. ¿Por qué pasas tanto tiempo en tu habitación? –Preguntó Magaly.

- Porque me gusta, quiero jugar videojuegos y dormir, me gusta eso –Respondió Antonio.

- Pero, ¿no quieres pasar tiempo conmigo? –Preguntó Magaly.

- O sea... -Respondió Antonio.

Magaly, en ese instante, se sintió herida.

- Entiendo eso, hijo mío. Pero, tienes que saber una cosa, a veces me siento mal, porque estoy aquí sola y tú no quieres salir, no quieres hablar. Además, estoy muy cansada, porque yo sola limpio toda esta casa, nadie me ayuda –Respondió Magaly.

- Sí, entiendo, pero... -Respondió Antonio.

- Me gustaría tener tu ayuda, y tenerte acá, de verdad, hijo mío, porque esto es raro. Te veo aquí y, sin embargo, a veces siento que vivo completamente sola. No te obligo, no tienes que ayudarme, pero sólo te pido un poco de tiempo, estar en esa habitación todo el día no es bueno –Respondió Magaly.

La expresión de Antonio fue rara y Magaly se dio por vencida. Antonio regresó a su habitación y no hablaron durante todo el día.

Al día siguiente, Magaly despertó temprano, estaba limpiando la sala, cuando de repente algo diferente ocurrió. Escuchó a alguien cerca, Antonio estaba limpiando el pasillo, puso algo de música y le dijo:

- Abuela, ¿cómo te sientes hoy? –Preguntó Antonio.

Magaly observó a Antonio y sonrió, finalmente compartía tiempo con su nieto. .

Fin de la historia

Resumen/Summary

Español	**English**
Magaly era una señora increíble, despertaba temprano todos los días y limpiaba su casa, cocinaba, hacía muchas cosas. Su nieto Antonio no la ayudaba para nada, él pasaba todo el día en su habitación, jugando videojuegos o durmiendo. Magaly quería algo de ayuda, pero Antonio no la ayudaba. Un día Magaly tuvo una conversación con él y las cosas cambiaron, al final Antonio ayudó a su abuela.	Magaly was an amazing lady, she woke up early every day and cleaned her house, cooked, and did many things. Her grandson Antonio did not help her at all, he spent all day in her room, playing video games or sleeping. Magaly wanted some help, but Antonio wouldn't help her. One day Magaly had a conversation with him and things changed, in the end, Antonio helped his grandmother.

Preguntas

1. ¿Cómo se llamaba el nieto de Magaly?
a) Alejandro
b) Antonio
c) Daniel
d) Alex
e) Marcos

2. ¿Cómo era Antonio?
a) Perezoso
b) Alegre
c) Irritante
d) Intimidante
e) Aburrido

3. ¿A qué hora despertaba Antonio?
a) A las 12 de la noche
b) A las 4 de la mañana
c) A las 11 de la mañana
d) A las 4 de la tarde
e) A las 2 de la tarde

4. ¿A qué hora despertaba Magaly?
a) A las 7 de la mañana
b) A las 9 de la mañana
c) A las 6 de la mañana
d) A las 5 de la mañana
e) A las 10 de la mañana

5. ¿Qué le preguntó Antonio a Magaly?
a) ¿Cómo te sientes hoy?
b) ¿Comiste?
c) ¿Dormiste bien?
d) ¿Desayunaste?
e) ¿Te ayudo?

Respuestas

1.   B
2.   A
3.   C
4.   C
5.   A

La basura en la ciudad

-       Chicos, es muy importante el medio ambiente. Cuando yo era pequeño, vi cosas horrendas, las personas de mi ciudad eran horribles y no cuidaban el ambiente, y esto... Bueno, esto, tuvo consecuencias feas –Dijo el profesor Enrique.

Todos estaban callados, nadie quería hablar. El profesor Enrique sabía que el medio ambiente era un tema aburrido para muchos estudiantes, pero él tenía que hablar de ello, tenía que hacer una diferencia, porque ese era su deber como profesor. En muchas ocasiones, se sentía aburrido de esta profesión, sin embargo, muchas veces hacía su trabajo bien, porque era importante.

-       Hay muchos profesores malos, yo no seré otro más –Solía decir el profesor Enrique.

Por eso, él se tomaba en serio su trabajo. A veces quería hacer otras cosas, buscar otro trabajo, pero, por algún motivo, no podía rendirse en cuanto a la enseñanza.

Mientras hablaba sobre el medio ambiente, recordó que la ciudad que vio cuando él era pequeño era diferente, las cosas cambiaron.

-       Las cosas cambiaron en mi ciudad, ya nada es igual. Cuidar el medio ambiente es muy importante, este es el mundo en el que viven, el único lugar que existe, ¿por qué quieren arruinarlo? Eso no tiene sentido –Dijo el profesor Enrique.

-       Mis padres no prestan atención al medio ambiente –Dijo Fernanda.

- Creo que tus padres no imaginan las cosas horribles que pueden pasar en el medio ambiente, en este mundo –Respondió el profesor Enrique.

- ¿Pueden ocurrir cosas terribles? ¿Puede dar ejemplos? – Preguntó Fernanda.

En ese instante, el profesor Enrique suspiró, recordó lo que vivió en su infancia y comenzó a hablar.

- Cuando era pequeño, veía a muchas personas lanzar basura en las calles. Muchas personas comían algún caramelo y lanzaban el envoltorio a la calle. El envoltorio caía en las alcantarillas. También, a veces estaba en el autobús y las personas lanzaban envoltorios, envases, incluso botellas a través de la ventana. Cuando iba a la playa, esto era muy común; era normal ver carreteras con basura a los lados – Respondió el profesor Enrique.

- ¿Recuerda algún evento horrible? –Preguntó Fernanda.

- Sí, ciertamente sí. En mi calle, las personas botaban mucha basura en las alcantarillas, siempre decían que el envoltorio era pequeño y, por eso, no importaba. Pero, el tiempo transcurrió así, continuamente, y nadie prestaba atención. Entonces... Un día llovió – Respondió el profesor Enrique.

- Oh... ¿Qué ocurrió? –Preguntó Fernanda.

- Bueno, las alcantarillas estaban tapadas, por lo tanto, había demasiada agua por todos lados. El agua llegaba a mis tobillos y, en muchas casas, el agua llegaba hasta el porche. Tenía yo los pies empapados, entonces, algo más ocurrió. Los cables de la electricidad están debajo del suelo, por ello, cuando el agua entró, dañó los cables y nos quedamos sin electricidad. Llovió aproximadamente tres días y, por eso, nadie podía reparar la luz, nadie quería tocar esos cables mojados. Así que esperamos tres días, hasta el final de la lluvia. Los profesionales llegaron y repararon la luz, pero, ese día aprendimos una importante lección: lanzar basura a la calle es malo, tenemos que cuidar de nuestras calles, este es nuestro mundo y no podemos dañarlo –Respondió el profesor Enrique.

Todos asintieron y aprendieron una valiosa lección ese día.

Fin de la historia

Resumen/Summary

Español

English

El profesor Enrique estuvo dando una clase y explicó lo importante que es cuidar el medio ambiente, lo importante que es no arrojar basura en las calles. Después de escuchar las opiniones de algunos estudiantes, él contó una anécdota de su infancia y en ese momento todos aprendieron una valiosa lección.

Teacher Enrique was giving a class and explained how important it is to take care of the environment, and how important it is not to throw garbage in the streets. After listening to the opinions of some students, he told a childhood anecdote about him and at that moment they all learned a valuable lesson.

Preguntas

1. ¿Cómo se llamaba el profesor?
a) Alejandro
b) Enrique
c) Manuel
d) José
e) Pedro

2. ¿Cuál era el deber de Enrique como profesor?
a) Hacer una diferencia
b) Enseñar
c) Enviar tarea
d) Hablar con los alumnos
e) Jugar con los alumnos

3. ¿Qué vio el profesor cuando era pequeño?
a) Una ciudad
b) Muchas personas lanzar basura
c) Un monumento
d) Personas malas
e) Un basurero

4. ¿Durante cuántos días llovió?
a) 5 días
b) 3 días
c) 1 día
d) Una semana
e) 9 días

5. ¿Qué no hacen los padres de Fernanda?
a) Prestar atención al medio ambiente
b) Enviar dinero a una organización
c) Escuchar a los profesores
d) Prestar atención a su hija
e) Ayudar a la escuela

Respuestas

1.   B
2.   A
3.   B
4.   B
5.   A

Los poemas de hace 20 años

Alberto quería ser escritor, desde hace mucho tiempo, desde que era niño. Y, desde ese instante, desde que empezó a leer y a interesarse por la literatura, tomó un cuaderno y empezó a escribir. ¿Cuántos poemas ha escrito? Muchísimos, son incontables. Cuando era niño, tenía muchos cuadernos llenos de poemas. Cuando creció, el asunto cambió, ahora todo estaba un poco más organizado en su computadora. Sin embargo, cuando creció, él no sabía qué hacer para tener fama como escritor.

- Cuando eres músico, el asunto es diferente, pero, ¿qué hago para ser famoso? –Preguntaba Alberto a su mejor amigo, Alexander.

- Pues, tengo una idea genial, ¿por qué no participas en un concurso literario? –Preguntó Alexander.

- ¿Qué? –Preguntó Alberto.

- Sí, un concurso literario –Respondió Alexander.

- Sí, pero, ¿cómo hago eso? ¿En dónde encuentro eso? –Preguntó Alberto.

- Yo conozco un sitio en internet, allí están todos los concursos literarios del país, te enviaré un correo con la dirección electrónica, ¿está bien? –Preguntó Alexander.

- Sí, está bien –Respondió Alberto.

Alberto no estaba muy convencido de aquella idea, simplemente no le agradaba, no se sentía bien con esa idea. Pero, no tenía nada que perder. Así que entró en aquel sitió y buscó concursos literarios. Estaba sorprendido, pues había muchos concursos literarios. Él ha escrito mucho, por lo tanto, tiene mucho material para concursar. En el sitio Alberto podía ver las reglas de los concursos, las fechas, y el premio. En muchas ocasiones, el premio era una publicación o una cantidad de dinero. Alberto se sintió un poco mejor, sintió mucha emoción; otras personas iban a leer su trabajo y eso era increíble.

Eligió un concurso literario y envió una colección de cuentos que escribió recientemente. Estaba emocionado, sin embargo, algunas semanas pasaron y recibió una respuesta negativa, no había clasificado.

- Esto es muy triste –Dijo Alberto.

- Tranquilo, amigo, no ganar es normal. Recuerda, muchas personas participan allí, ¿sabes cuántos escritores recibieron rechazos antes de ser muy famosos? Mira a Stephen King, él tenía una colección de cartas de rechazo, ahora es muy famoso –Dijo Alexander.

- No lo sé... No sé, se siente raro todo esto –Dijo Alberto.

Y sí, estaba triste, era normal. Pero, Alberto allí no se rindió, siguió participando en otros concursos. Pero, en ninguno quedaba clasificado. Sin embargo, poder participar en un concurso era mejor que nada.

Con el pasar de las semanas, recibió muchos mensajes de rechazo, no quedó clasificado en muchos concursos literarios y hasta pensó: "Tal vez es mejor olvidar la escritura". Un día, decidió participar en un último concurso literario. Envió una colección de poemas de hace 20 años. No tenía esperanza en esos poemas, sólo esperaba leer una respuesta negativa y así poder rendirse.

Pero, las cosas cambiaron, porque un día despertó y leyó el siguiente mensaje:

- Señor Alberto Rojas, usted ha sido seleccionado como el ganador en este concurso literario, diríjase a la siguiente dirección para más información en cuanto a la publicación de su trabajo y recompensa.

Editorial, A.E.

Iban a publicar su trabajo, Alberto fue feliz.

Fin de la historia

Resumen/Summary

Español

Alberto quería ser escritor desde hace mucho tiempo, pero no sabía cómo lograrlo, así que su amigo Alexander le dio una idea increíble. La idea consistía en participar en concursos literarios y así esperar y ganar un premio. Alberto no estaba muy convencido de la idea, pero aun así decidió intentarlo. Recibió muchos rechazos y perdió muchas veces, pero un día recibió un mensaje que cambiaría su vida: una editorial tomó su colección de poemas que escribió hace unos 20 años y la declaró ganadora de un concurso. Así, finalmente, Alberto iba a publicar un libro y fue muy feliz.

English

Alberto wanted to be a writer for a long time, but he didn't know how to achieve it, so his friend Alexander gave him an amazing idea. The idea was to participate in literary contests and thus hope and win a prize. Alberto was not very convinced of the idea, but even so, he decided to try it. He received many rejections and lost many times, but one day he received a message that would change his life: a publisher took his collection of poems that he wrote about 20 years ago and declared it the winner of a contest. So, finally, Alberto was going to publish a book and he was very happy.

Preguntas

1. ¿Qué quería ser Alberto?
a) Escritor
b) Artista
c) Músico
d) Arquitecto
e) Escultor

2. ¿Qué tenía Alberto cuando era niño?
a) Muchas libretas
b) Mucha energía
c) Mucha libertad
d) Muchos cuadernos llenos de poemas
e) Muchas ideas

3. ¿Cuál fue la idea de Alexander?
a) Participar en un concurso literario
b) Enviar libros a una editorial
c) Rendirse
d) Perseverar
e) Continuar escribiendo

4. ¿En dónde se encuentran los concursos literarios?
a) En un sitio en internet
b) En el periódico
c) En las escuelas
d) En las universidades
e) En los museos

5. ¿Cuándo escribió la colección de poemas que envió?
a) Hace 3 años
b) Hace 5 años
c) Hace 10 años
d) Hace 20 años
e) Hace 40 años

Respuestas

1.   A
2.   D
3.   A
4.   A
5.   D

El futuro y el presente

En la universidad siempre ocurren debates. Los debates son importantes para obtener ideas claras y buenas de la vida en general. Es importante tener debates en la universidad, es importante cuestionar las cosas en la universidad. Un tema que siempre surge, desde hace muchos años, es el futuro, cómo será el futuro y qué ocurrirá en el futuro.

-    Creo que el futuro va a ser muy loco, con mucha tecnología –Dijo Ana, una estudiante en el salón.

El futuro es un tema apasionante para cualquier persona. Desde pequeños, siempre imaginamos cómo es el futuro, autos voladores, computadoras de última generación, entre otras cosas más. Además, las películas de ciencia ficción reflejan mucho ese llamado "futuro". Pero, ¿será realmente así? En la universidad, la profesora Glenda abrió el debate sobre el futuro y muchos estudiantes respondieron muchas cosas.

-    Creo que, en el futuro, los autos van a volar y las computadoras van a ser increíbles, también vamos a poder viajar más rápido con naves diferentes. Estoy muy emocionada por el futuro –Volvió a decir Ana, la estudiante en el salón.

-    En un videojuego, vi a una persona con una mochila que tenía propulsión y esa persona podía volar. En el futuro vamos a hacer eso, vamos a volar de esa manera. También, las computadoras serán mejores, tendrán más espacio –Dijo Manuel, otro estudiante.

-    En el futuro no vamos a necesitar tarjetas de débito o crédito, tampoco dinero en efectivo; vamos a pagar utilizando nuestro teléfono celular –Dijo Oscar.

- Oscar, pero, eso es posible, yo lo he visto –Dijo Ana.

- Exacto, Oscar, eso lo he visto, pero, chicos, ese no es el punto. Honestamente, creo que todos tienen una idea errónea del futuro. Tenemos mucho por hablar –Dijo la profesora Glenda.

- ¿Por qué dice eso, profesora? –Preguntó Ana.

- Primero, no podemos hablar del futuro, porque el futuro es algo que siempre está lejos, pero nunca llega, ¿entienden? Siempre decimos "el futuro" pero el futuro no está aquí, aquí está el presente. Siempre decimos: "en el futuro", pero, el futuro no es una puerta que cruzas, el presente es lo único que tenemos –Dijo la profesora Glenda.

- Interesante... -Dijo Oscar.

- Ahora, además de eso, les diré una cosa: nosotros ya estamos en el futuro –Dijo la profesora Glenda.

- Profesora, estoy confundido –Dijo Manuel.

- Espera, Manuel, espera. Escucha, ya estamos en el futuro. Ustedes son jóvenes y, tal vez, por eso, no lo ven así. Pero, es la verdad. Ya estamos en el futuro. En la actualidad, hay muchos cambios tecnológicos. Los celulares que ustedes tienen son mejores, mucho mejores que los que yo tuve hace muchos años. De hecho, cuando yo nací, no los celulares no existían –Dijo la profesora Glenda.

- Oh... -Respondió Ana.

- Sí, Ana, es loco pensar eso, ¿verdad? En muchos países están haciendo experimentos para hacer autos voladores. También hay mochilas con propulsión para poder volar, no es igual que en tu videojuego, Manuel, pero sí existe. Por otra parte, yo he ido a restaurantes y he pagado sólo utilizando mi teléfono –Respondió la profesora Glenda.

Todos estaban callados.

- Chicos, el futuro ya está aquí, disfruten de todo lo que tienen y no esperen por el "futuro", porque eso ya está en sus manos. El presente es lo importante, disfruten –Respondió la profesora Glenda.

Todos sonrieron.

Fin de la historia

Resumen/Summary

Español

Los chicos en la universidad estaban teniendo un debate sobre el futuro y los avances de la tecnología. Después de un rato, la profesora los interrumpió y dio su opinión, dijo que el futuro estaba aquí, en el presente, esto es lo que tenemos y les dio un valioso consejo a todos.

English

The guys at the university were having a discussion about the future and the advances in technology. After a while, the teacher interrupted them and gave her opinion, she said that the future was here, in the present, this is what we have, and she gave valuable advice to all of them.

Preguntas

1. ¿Qué es lo que siempre ocurre en la universidad?
a) Debates
b) Discusiones
c) Peleas
d) Fiestas
e) Eventos

2. ¿Qué es apasionante para cualquier persona?
a) El pasado
b) El presente
c) El futuro
d) El tiempo
e) El clima

3. ¿Cómo se llama la profesora?
a) Eva
b) María
c) Cielo
d) Glenda
e) Alejandra

4. ¿Cómo está Ana por el futuro?
a) Muy emocionada
b) Triste
c) Entusiasmada
d) Feliz
e) Contenta

5. ¿Qué no existía cuando la profesora Glenda nació?
a) Los celulares
b) Las fotografías
c) La televisión a color
d) El internet
e) Los autos

Respuestas

1.   A
2.   C
3.   D
4.   A
5.   A

El veterinario

Jesús tiene 23 años y vive con su perro Mike. Su perro es muy importante para él. Desde pequeño vive con él. Jesús pasó por muchos hogares y se separó de muchas personas, pero nunca se separó de Mike. Por eso, Jesús ama a Mike, él no puede vivir sin su perro. Su perro es un pastor alemán, enorme, con orejas largas y una mirada muy adorable. Jesús amaba mucho a su perro y no podía imaginarse un mundo sin Mike.

Sin embargo, desde hace un año, Jesús vivía muy ocupado, tenía que estudiar en la mañana y trabajar en la tarde. Él llegaba alrededor de las 9 de la noche, tenía que limpiar la casa, cocinar, y descansar para repetir la rutina al día siguiente. Por esta misma razón, ya no pasaba tanto tiempo con él. Mike era un perro tranquilo, no hacía desastres en la casa, sin embargo, estaba muy triste, porque su dueño, Jesús, no estaba en la casa, con él. Los perros son criaturas que necesitan de mucha atención.

-       Hola, Mike, ¿cómo estás hoy? –Decía Jesús cuando llegaba a casa, sin embargo, ya Mike no estaba emocionado, no saltaba encima de Jesús. Mike ahora tenía una mirada perdida y triste.

Para Jesús, esto era muy raro, pero tenía muchas cosas en su cabeza, estaba muy ocupado, por lo tanto, no podía notar eso. Los días transcurrieron de esa manera, Jesús llegaba muy tarde, saludaba a Mike, y después iba a dormir. Pero, un día las cosas cambiaron.

-       Mike, ¿cómo estás? –Dijo Jesús.

Pero Mike no abrió los ojos, Mike estaba dormido. Jesús se acercó e intentó despertarlo, pero Mike no despertó. Jesús se asustó, tomó su abrigo, cargó a Mike en sus brazos, y corrió hacia la calle.

- Son las 11 de la noche, ¿cómo encontraré a un veterinario en esta hora? –Dijo Jesús.

En ese instante se sintió desesperado, no sabía qué hacer, porque Mike no abría los ojos. Jesús no podía perder a Mike. Comenzó a caminar hacia una calle con muchos locales de comida, entre otras cosas, por allí estaba un veterinario, pero el local estaba cerrado. Jesús continuó caminando, tenía que encontrar algún lugar con un veterinario, pero estaba perdiendo las esperanzas.

Después de 30 minutos comenzó a ver que todos los lugares estaban cerrando, las calles estaban más oscuras y ya todos se iban a casa. Allí Jesús se sintió mal.

- No puedo perder a Mike, no... -Dijo Jesús.

Entonces, continuó caminando, esperando algún milagro.

Y, de la nada, el milagro apareció.

Mientras caminaba cerca de un veterinario que no visitaba desde hace mucho tiempo, vio que alguien abrió la puerta.

- Eh, ¿disculpe? –Preguntó Jesús.

- ¿Vas a pasar? Soy veterinario, a esta hora tengo la puerta cerrada, pues ningún cliente viene, pero trabajo todo el día. Veo que tienes a un pequeño amigo en tus brazos –Dijo el veterinario.

Jesús sonrió, entró, y sintió un alivio muy grande. Después de unas horas, Mike abrió los ojos y regresó a casa junto a Jesús.

Al día siguiente, Jesús renunció a su trabajo, comenzó a trabajar desde casa, y cuidó de Mike. Desde ese día, Mike estaba mucho más feliz.

Fin de la historia

Resumen/Summary

Español	**English**
Jesús era alguien muy ocupado y siempre llegaba tarde a casa. Él tenía un perro llamado Mike y nunca lo veía, porque siempre llegaba tarde a casa. Un día llegó y saludó a su perro, pero el perro no contestó, Jesús se preocupó y salió a buscar a un veterinario, pero era muy tarde ya y pensó que no iba a encontrar a ninguno. Sin embargo, al final de la noche, un veterinario abrió la puerta de su consultorio y llamó a Jesús. Esa noche, el veterinario salvó a Mike y luego Jesús dejó su trabajo, comenzó a trabajar desde casa, y pudo dedicarle más tiempo a Mike.	Jesus was a very busy person and always came home late. He had a dog named Mike and he never saw him because he was always late home. One day he came and greeted his dog, but the dog didn't answer, Jesus got worried and went out to look for a vet, but it was too late and he thought he wasn't going to find one. However, at the end of the night, a veterinarian opened the door to his office and called Jesus. That night the vet saved Mike and then Jesus quit his job, started working from home, and was able to spend more time with Mike.

Preguntas

1. ¿Qué edad tiene Jesús?
a) 10 años
b) 23 años
c) 20 años
d) 19 años
e) 18 años

2. ¿Cómo se llama el perro de Jesús?
a) Adrián
b) Leo
c) Mike
d) José
e) Miguel

3. ¿Qué raza es el perro de Jesús?
a) Golden Retriever
b) Pitbull
c) Rottweiller
d) Pastor Alemán
e) Chihuahua

4. ¿Qué hacía Jesús en la mañana?
a) Estudiar
b) Trabajar
c) Comer
d) Dormir
e) Jugar

5. ¿A qué hora salió Jesús con Mike?
a) A las 10 de la noche
b) A las 12 de la noche
c) A las 3 de la mañana
d) A las 4 de la tarde
e) A las 11 de la noche

Respuestas

1.   B
2.   C
3.   D
4.   A
5.   E

El mejor cliente del mundo

-        Tenemos que buscar una mejor fuente de ingresos, ¿alguna idea? –Preguntó Esteban.

Esteban, Luis, y Harry, estaban buscando una mejor fuente de ingresos, querían ganar más dinero. Ellos tenían un trabajo, pero querían ganar más dinero. Y, además, ellos sabían que, para tener más dinero, necesitaban otra fuente de ingresos, pero, ¿cómo iban a conseguir una? Ellos tres trabajaban en tiendas de ropa, sabían cómo funcionaba ese negocio. Y, cuando estaban sentados, discutiendo sobre sus empleos actuales, Harry dijo algo importante.

-        Esperen, ¿por qué no vendemos ropa? –Dijo Harry.

-        Pero, Harry, nosotros ya hacemos eso, ¿a qué te refieres? –Dijo Luis.

-        No, nosotros trabajamos en una tienda que vende ropa y tenemos un sueldo, nosotros no somos los dueños, pero, si creamos una tienda de ropa y somos los dueños, ¿imaginan todo lo que podríamos ganar? –Dijo Harry.

-        No lo sé –dijo Luis.

-        En serio, las personas están comprando ropa por internet actualmente. Conozco personas que ganan mucho dinero así, venden ropa a través de una plataforma en internet. Si hacemos eso, nosotros seremos los dueños y todo el dinero será nuestro –Dijo Harry.

-        Cuéntanos más –Dijo Luis.

El plan de Harry era simple, tenían que crear una página en internet y vender ropa allí. Sin embargo, tenían que hacer varias cosas. Primero, el lugar tiene que verse bien, elegante, y llamativo. Además de eso, tienen que buscar la ropa.

- ¿Y la ropa? ¿De dónde vamos a conseguir la ropa? –Preguntó Luis.

- Ya lo sé, yo puedo hablar con mi jefa, ella conoce personas que llevan ropa y así mi jefe vende todo eso, es muy sencillo –Dijo Harry.

Luis y Esteban tenían muchas dudas, pero aceptaron. Al día siguiente, Harry habló con su jefa y consiguió el número de una persona, esa persona puede venderles ropa. Harry sabía que iba a invertir dinero para comprar ropa e iba a recuperar el dinero después de vender toda la ropa. Esa era la idea, ese era el plan.

Mientras tanto, Esteban y Luis se encargaron de crear el sitio web en la página de Instagram, hicieron un buen trabajo. Días después, la ropa llegó y los chicos tomaron fotos de todos los productos y las subieron a la página de Instagram. Estuvieron compartiendo el perfil muchas veces, avisaron a sus amigos, dijeron que estaban vendiendo ropa. Sin embargo, pasaron muchos días y nadie compraba la ropa.

- ¿Hicimos algo mal? –Preguntó Esteban.

- No, no lo creo, pero crear un negocio siempre es difícil, así que no se preocupen, chicos, tengamos esperanza –Respondió Harry.

Sin embargo, todos tenían algo de miedo, no poseían muchas esperanzas. Pero, un día eso cambió, porque recibieron un mensaje.

"Hola, chicos, buenos días, estoy muy interesada en sus productos, quiero tres camisas y dos pantalones".

En ese instante los chicos sonrieron, porque finalmente tuvieron a un cliente. Pero, lo mejor del caso, es que ese cliente nunca se marchó; siempre regresó para comprar más ropa y así, eventualmente, los chicos comenzaron a ganar mucho dinero.

- Esta fue la mejor idea del mundo –Dijo Harry.

Los chicos asintieron.

Fin de la historia

Resumen/Summary

Español	**English**

Esteban, Harry, y Luis querían crear una tienda de ropa, porque querían tener un mejor ingreso. Los tres trabajaban en tiendas de ropa, así que decidieron usar sus conocimientos para poder generar otro ingreso. Crearon una página en Instagram y allí comenzaron a publicar fotos de los productos, pero nadie compraba, hasta que un día llegó un cliente increíble y así comenzaron a generar mucho dinero.

Esteban, Harry, and Luis wanted to create a clothing store because they wanted to have a better income. The three of them worked in clothing stores, so they decided to use their knowledge to generate another income. They created a page on Instagram and there they began to publish photos of the products, but nobody bought, until one day an incredible client arrived and they began to generate a lot of money.

Preguntas

1. ¿Qué querían hacer Esteban, Luis, y Harry?
a) Ganar más dinero
b) Perder más dinero
c) Buscar otro trabajo
d) Dejar el trabajo
e) Renunciar

2. ¿En dónde trabajaban ellos tres?
a) En tiendas de videojuegos
b) Desde casa
c) En tiendas de ropa
d) En un centro comercial
e) En un restaurante

3. ¿Actualmente la gente por dónde está comprando ropa?
a) Por internet
b) En tiendas físicas
c) En el centro comercial
d) En la calle
e) En la farmacia

4. ¿Cómo tenía que verse el lugar en internet?
a) Horrible
b) Espantoso
c) Bonito
d) Genial
e) Bien, elegante, y llamativo

5. ¿Qué pidió el primer cliente?
a) Faldas
b) Botas
c) Tres camisas y dos pantalones
d) Cinturones
e) Corbatas

Respuestas

1.   A
2.   C
3.   A
4.   E
5.   C

La granja y la ciudad de mi juventud

El señor Jaime tenía más de 20 años viviendo en un pueblo. Ese pueblo, hace mucho tiempo, cuando él era joven, tenía granjas enormes con muchos animales.

- Así es, nieta, aquí tenía muchas ovejas y muchas vacas. Yo solía trabajar con mi abuelo aquí, todo el tiempo, desde que era muy pequeño. Después mi abuelo falleció y ya no pude trabajar más. Mi padre se encargó de la granja, pero, eventualmente, consiguió otro empleo y vendió todo y así yo dejé de trabajar en la granja –Dijo el señor Jaime.

- Oh, ¿eso fue muy triste? –Dijo Mariela, su nieta.

- Sí, lo fue –Respondió el señor Jaime.

- Abuelo, ¿ahora qué harás? Las cosas han cambiado, ya los años han pasado, y todo es diferente, tienes que cambiar –Dijo Mariela.

- Sí, lo sé. Tengo una idea –Dijo el señor Jaime.

- ¿Cuál? Tal vez yo pueda ayudarte –Dijo Mariela.

- Me iré a la ciudad –Dijo el señor Jaime.

Ambos se quedaron en silencio.

- ¿Estás seguro, abuelo? –Dijo Mariela.

- Sí, así es –Dijo el señor Jaime.

- Está bien, abuelo, yo puedo ayudarte. Tengo a unos amigos en la ciudad, ellos pueden buscar una casa pequeña para ti, en una buena zona de la ciudad –Dijo Mariela.

- Pero, yo no tengo dinero ahora mismo para pagar una casa –Dijo el señor Jaime.

- No te preocupes por el dinero, abuelo, tú sólo disfruta la ciudad y ya –Dijo Mariela.

Ambos sonrieron. Ese fue un buen gesto de Mariela, su nieta. Durante los próximos días, el señor Jaime vendió toda su ropa, hizo todos los preparativos y se despidió de todos, porque iba a vivir en la ciudad. Muchos pensaron que no era una buena idea, sin embargo, el señor Jaime aun quería hacerlo, quería irse a la ciudad.

Llegó el día, se montó en un autobús y viajó durante unas 2 horas hacia la ciudad. Cuando llegó, estaba deslumbrado, porque todo era increíble, era como un mundo nuevo. Él pasó mucho tiempo viviendo en una granja, pero la ciudad era algo totalmente diferente. Tuvo problemas para llegar a su casa, pero, cuando llegó, amigos de su nieta estaban allí, esperándolo.

Todos se sentaron e hicieron la pregunta importante.

- ¿Cómo se siente, señor Jaime? ¿Le gusta la ciudad? –Preguntó Alejandro, un amigo de su nieta.

- Veo tantas diferencias acá, estoy impresionado. Nunca en mi vida había visto tantos autos, además, todos estos autos parecen del futuro, son muy bonitos. Otra cosa que me sorprendió son los electrodomésticos, hay una máquina especial para hacer café, en mis tiempos, el café se hacía de manera diferente –Dijo el señor Jaime.

- Sí, eso es cierto, jajaja –Dijo Alejandro.

- Pero, algo que me sorprende mucho es ver a tanta gente con esos teléfonos celulares. En mi granja, todo era diferente, eso no existía y entablar una conversación con alguien era muy sencillo. Ahora no, todos están mirando fijamente esa pantalla. Esto es raro –Dijo el señor Jaime.

- Sí, eso es cierto, eso es cierto –Dijo Alejandro.

Después de unas horas, Alejandro se marchó. El señor Jaime se quedó en esa casa. Pero, a pesar de que la ciudad era un mundo raro para el señor Jaime, él eventualmente se acostumbró y se sintió feliz. Era una nueva vida.

Fin de la historia

Resumen/Summary

Español	**English**
El señor Jaime pasó mucho tiempo en su granja, ya era de vivir en la ciudad. Su nieta, Mariela, le consiguió una casa en la ciudad y el señor Jaime se fue. Al llegar, habló con un amigo de su nieta y le dio sus impresiones sobre las diferencias entre la ciudad y su granja. A pesar de ser un gran cambio, con el tiempo, el señor Jaime se acostumbró y se sintió feliz.	Mr. Jaime spent a lot of time on his farm, he was already living in the city. His granddaughter, Mariela, got him a house in the city and Mr. Jaime left. Upon arrival, he talked to a friend of his granddaughter and gave him his impressions of the differences between the city and his farm. Despite being a big change, over time, Mr. Jaime got used to it and felt happy.

Preguntas

1. ¿Cuántos años tenía el señor Jaime viviendo en el pueblo
a) Más de 30 años
b) Más de 10 años
c) Más de 20 años
d) Más de 5 años
e) Más de 3 años

2. ¿Qué tenía el pueblo cuando él era joven?
a) Muchas personas
b) Muchas casas
c) Muchas tiendas
d) Muchas granjas con animales
e) Muchos lugares bonitos

3. ¿Con quién solía trabajar el señor Jaime?
a) Con su abuelo
b) Con su mamá
c) Con su papá
d) Con su hermano
e) Con su primo

4. ¿A dónde se fue el señor Jaime?
a) A otro país
b) A otro estado
c) A una tienda
d) A la ciudad
e) A otro continente

5. ¿Cómo se llamaba la nieta del señor Jaime?
a) Amanda
b) María
c) Gabriela
d) Mariela
e) Luna

Respuestas

1.   C
2.   D
3.   A
4.   D
5.   D

La vida del vegetariano

Luisa y Freddy se fueron de vacaciones a un pequeño pueblo alejado de la ciudad. La vida de Luisa y Freddy siempre fue muy saludable, ellos siempre comen vegetales, porque ellos son vegetarianos. Desde hace mucho tiempo adoptaron ese estilo de vida, además, son personas muy saludables, ellos hacen mucho ejercicio y tienen mucha disciplina en cuanto a su estilo de vida, es decir, el vegetarianismo. Pero, esto también trajo muchos problemas. Sí, ser vegetariano a veces trae muchos problemas, porque tienes muchos límites en cuanto a la comida, no puedes ir a cualquier restaurante, no puedes ir a cualquier lugar. Hay muy pocos lugares que se dediquen a vender comida vegetariana, así que Luisa y Freddy siempre tenían que lidiar con ese problema. Sólo una vez encontraron un restaurante con comida vegetariana y regresaron allí muchas veces, pero, encontrar eso es difícil.

Decidieron ir a aquel pueblo alejado de la ciudad, ya que querían tener unas vacaciones. No se preocupaban por la comida, ellos iban a llevar su comida, y en los restaurantes al menos iban a encontrar una opción que podían comer. Se prepararon durante una semana, buscaron el dinero, empacaron, y un lunes salieron hacia el pueblo. Condujeron alrededor de 3 horas. Llegaron y fueron directamente a una pequeña habitación que alquilaron. Dejaron todo el equipaje allí, tomaron una pequeña siesta y después salieron, porque querían comer algo. Pero, allí empezó un pequeño problema.

- Creo que... En este pueblo todo el mundo ama la carne –Dijo Luisa.

- ¿Por qué lo dices? –Preguntó Freddy.

\-   Sólo observa –Dijo Luisa.

Había un restaurante únicamente dedicado a la venta de muchos tipos de carne, no había allí ningún vegetal. En ese instante, una persona que iba a ese restaurante se tropezó con ellos y dijo:

\-   ¿No van a entrar? –Dijo el cliente.

\-   No, nosotros no… -Dijo Luisa.

\-   ¿Por qué? ¿No aman la carne? –Dijo el cliente del restaurante y se marchó.

Freddy y Luisa sonrieron y se marcharon.

\-   Debe haber otro lugar aquí en donde podamos comer –Dijo Freddy.

\-   Sí, claro, seguramente –Respondió Luisa.

Continuaron caminando, pero el panorama no parecía mejorar. En todos lados había muchos restaurantes, sí, pero vendían mucha carne. Y, además, las personas allí tenían una energía extraña, estaban eufóricos, nada los alegraba más que comer un pedazo de carne y eso era algo que Luisa y Freddy no podían entender. Al final, encontraron un pequeño restaurante en el que pudieron comer una ensalada.

\-   ¿Son nuevos aquí? –Preguntó el mesero, su nombre era Robin.

\-   Sí, así es –Respondió Luisa.

\-   Sí, sé cuál es el problema. ¿Mucha carne alrededor? Jajaja, lo sé, muchas personas vienen aquí y se quejan, me dicen que lo único que hay en este pueblo es carne –Dijo Robin.

\-   Sí, exactamente –Dijo Freddy.

\-   Una vez, una persona vino acá y me contó una historia, algo que le ocurrió en esos restaurantes. Allí puedes pedir ensalada, eso es cierto. Pero, si lo haces, las personas se burlarán de ti. Entonces, tienes que comer carne, si no lo haces, el resto se reirá de ti –Dijo Robin.

\-   ¿Por qué? –Preguntó Freddy.

\-   Porque simplemente no estás comiendo un buen pedazo de carne –Dijo Robin.

Freddy y Luisa terminaron de comer y, al día siguiente, se marcharon de ese lugar.

\-   Ser vegetariano es difícil –Dijo Freddy.

Luisa asintió.

Fin de la historia

Resumen/Summary

Español

Freddy y Luisa se fueron de vacaciones a un viejo pueblo, querían pasar unos días diferentes. Ellos dos eran vegetarianos, por eso, no podían comer en cualquier lugar. Cuando llegaron al pueblo, estaban muy cansados, así que se acostaron a dormir y después despertaron para ir a comer a algún lugar. Pero, notaron que no vendían comida vegetariana en varios lugares, de hecho, las personas tenían una emoción increíble por la carne. Al final, encontraron un restaurante diferente y pidieron una ensalada, pero al día siguiente se marcharon; ser vegetariano es difícil.

English

Freddy and Luisa went on vacation to an old town, they wanted to spend a few different days. The two of them were vegetarians, so they couldn't eat anywhere. When they got to town, they were very tired, so they went to sleep and then woke up to go eat somewhere. But, they noticed that they did not sell vegetarian food in several places, people had an incredible excitement for meat. In the end, they found a different restaurant and ordered a salad, but left the next day; being a vegetarian is difficult.

Preguntas

1.   ¿A dónde se fueron Luisa y Freddy?
a)   A un pueblo
b)   A otra ciudad
c)   A otro país
d)   A otro estado
e)   A otro lugar

2.   ¿Cómo era la vida de Luisa y Freddy?
a)   Caótica
b)   Fascinante
c)   Increíble
d)   Saludable
e)   Envidiable

3.   ¿Qué comían siempre Luisa y Freddy?
a)   Vegetales
b)   Carne
c)   Huevos
d)   Postres
e)   Pizza

4.   ¿Cuántas horas condujeron para llegar al pueblo?
a)   4
b)   8
c)   9
d)   10
e)   3

5.   ¿Qué ocurre si no comes carne en los restaurantes del pueblo?
a)   No te dirán nada
b)   Se reirán de ti
c)   Te golpearán
d)   Hablarán mal
e)   Te observarán

Respuestas

1.   A
2.   D
3.   A
4.   E
5.   B

La música que me salvó

La música es hermosa, maravillosa, increíble. La música salva vidas, esto es muy cierto. Ángel, Dylan, y William aman la música desde pequeños. Ellos se conocieron en el colegio, hablaron de música, y ahora son amigos, son muy unidos. Ellos son inseparables y todo el día hablan de música, ellos adoran la música y quieren ser músicos. Los años transcurrieron y un día se sentaron a hablar en el patio de la escuela sobre música y describieron cómo descubrieron su género favorito.

-       A mi me gusta mucho el jazz –Dijo William.

-       ¿En serio? ¿Cómo descubriste el jazz? –Preguntó Dylan.

-       Mi padre solía ser músico, él era baterista en una banda de jazz y, ¿saben qué es loco? Que yo nunca lo supe hasta que era mayor. Desde que era pequeño, en la casa yo nunca vi instrumentos, discos, nada de eso. Escuchábamos música, sí, pero no escuchábamos jazz, mi padre nunca puso jazz, tampoco mi madre puso jazz. Así, los años transcurrieron y yo nunca supe nada. Pero, un día las cosas cambiaron. En mi casa hay un sótano y yo nunca entré a ese sótano, no tenía curiosidad, por lo tanto, nunca quise entrar. Sin embargo, un día quise entrar, estaba buscando algunas cosas. Estaba todo muy oscuro y en ese momento choqué contra algo –Dijo William

-       ¿Contra qué chocaste? –Preguntó Ángel.

-       Contra un platillo de una batería. Yo siempre vi baterías en la televisión, pero nunca vi una batería real. Así que, en ese instante, busqué el interruptor de luz y vi una batería muy vieja y llena de polvo allí, en el sótano. Estaba muy sorprendido y, detrás de esa batería, vi muchos discos antiguos, todos los discos eran de jazz. Eso me pareció una locura, así que corrí y hablé con mi padre. Él me contó sobre su pasado, cuando fue baterista de una banda y, a partir de ese día, yo también quise ser baterista. ¿Qué hay de ti, Ángel? –Preguntó William.

- Bueno, yo amo la salsa, es un estilo musical caribeño. Me encanta. Y descubrí eso en diciembre, durante la navidad. Viajé a la casa de mi abuela y ella también era muy fan de la salsa. Allí descubrí ese género. Bailé toda la noche y me encantó. Desde ese día amo mucho la salsa y me encanta bailar salsa. No quiero ser músico, ¿ok? Pero sí disfruto mucho la música y encontrar nuevos cantantes, ¿qué hay de ti, Dylan? –Preguntó Ángel.

- Bueno, yo amo el rock. Descubrí el rock cuando era pequeño, porque mi primo amaba el rock también. Él puso muchos conciertos de muchas bandas famosas y desde ese día me enamoré de esa música. Después, yo me fui de viaje a otra ciudad, viví toda mi infancia allí. En ese lugar yo no tenía internet, pero, un día regresé a esta ciudad y pude buscar más música y recordé un grupo que mi primo había mencionado hace muchos años, entonces estuve escuchando ese grupo durante algunas horas y mi amor por el rock regresó –Dylan.

Esa tarde estuvieron hablando mucho sobre cómo descubrieron ellos la música. Tiempo después, Dylan se convirtió en un guitarrista profesional, William en un baterista profesional, y Ángel en un manager de bandas.

Fin de la historia

Resumen/Summary

Español	**English**
Dylan, William, y Ángel son tres amigos que aman la música. Desde pequeños siempre amaron la música y esta fue lo que los unió en el colegio. Conversaron allí sobre sus gustos musicales y, mucho tiempo después, los tres resultaron ser muy exitosos en el mundo de la música.	Dylan, William, and Ángel are three friends who love music. From a young age, they always loved music and this was what brought them together at school. They talked there about their musical tastes and, a long time later, the three of them turned out to be very successful in the world of music.

Preguntas

1. ¿Desde cuándo ellos amaban la música?
a) Desde pequeños
b) Desde hace tres días
c) Desde hace 2 años
d) Desde hace 1 semana
e) Desde ayer

2. ¿En dónde se conocieron ellos?
a) En la universidad
b) En el colegio
c) En una tienda
d) En un concierto
e) En una academia de música

3. ¿Qué quieren ser ellos?
a) Músicos
b) Artistas
c) Bailarines
d) Actores
e) Deportistas

4. ¿Contra qué chocó William?
a) Tazas
b) Platos
c) Mesas
d) Un platillo de una batería
e) Discos de jazz

5. ¿Qué ama Dylan?
a) La salsa
b) El rock
c) La bachata
d) La guitarra
e) El bajo

Respuestas

1.   A
2.   B
3.   A
4.   D
5.   B

La suerte y magia de una influencer

Marian no tenía mucha suerte en sus redes sociales, tampoco ganaba mucho dinero y estaba muy triste por ello. La vida de Marian era un poco aburrida. Ella trabajaba en una tienda de ropa que usualmente estaba vacía, porque la ropa allí era muy cara y las personas preferían ir a comprar a otras tiendas. Esto entristecía mucho a Marian, porque ella quería vender más ropa y ganar dinero. En una tienda de ropa, la persona que logra vender ropa y complacer a un cliente suele ganar un poco más de dinero, pero Marian no podía hacer eso, porque nadie entraba a la tienda. Marian muchas veces era sorprendida por el jefe, pues a veces ella estaba durmiendo y Marian no podía descuidar la tienda, sin embargo, ¿qué iba a hacer? La tienda estaba vacía, nadie iba, nadie entraba.

-    Tienes que quedarte allí y esperar a los clientes –Decía el jefe de Marian.

-    Pero, ¿está viendo la tienda? Está completamente vacía –Dijo Marian.

Un día llegó a su casa, estaba muy triste, porque quería ganar más dinero, quería hacer algo mejor, pero no sabía qué hacer, cómo empezar. De repente, vio un producto en una esquina de su habitación.

-    Ese perfume… -Dijo Marian.

Ella recordó que conoce a muchas personas que siempre quieren comprar perfumes. Marian sabía que ese perfume que ella tenía en esa habitación era muy bueno, era difícil de encontrar, pero era muy bueno. Eso lo vendían en su tienda, en su tienda era caro, pero ese perfume ya era suyo, tampoco lo usaba.

- ¿Y si lo vendo? –Dijo Marian.

Su plan era venderlo y tener algo de dinero. Así que eso hizo, lo publicó, puso un precio menor al que tienen en su tienda y esperó. Un día después, cuatro personas le preguntaron por el perfume querían comprarlo, pues Marian había puesto un buen precio y nadie quería perder esa oferta. Marian estuvo muy sorprendida y allí tuvo una idea.

- ¿Qué tal si comienzo a vender más cosas? –Dijo Marian.

El perfume y otros artículos ella podía obtenerlos de su trabajo, porque a veces su jefe regalaba mercancía que no se vendía, así que Marian quería vender esa mercancía y ganar algo de dinero. Así que eso empezó a hacer.

Unos meses pasaron y ella llegó a su tienda.

- Renuncio –Dijo Marian.

Dejó su uniforme y se marchó, ¿por qué? Simple, porque ganaba más dinero vendiendo cosas desde su casa que trabajando en una tienda. Los meses transcurrieron así y su tienda en línea comenzó a tener más popularidad, pero, otro problema se presentó.

- Ya no tengo mercancía –Dijo Marian.

Así que buscó el número de un proveedor de ropa. Ella tenía miedo, porque pensó que no lo iba a lograr, pensó que no le iban a responder. Pero, una mañana se despertó muy sorprendida con un mensaje.

"Por supuesto, estaremos muy encantados de enviarte mercancía".

Meses después, Marian estaba vendiendo toda clase de productos, muchas personas la llamaban, porque querían enviarle productos a ella, si ella los vende, la marca va a ganar más popularidad.

Eventualmente, Marian se convirtió en una influencer.

Fin de la historia

Resumen/Summary

Español	**English**
Mirian era una vendedora de una tienda de ropa, vivía frustrada porque poca gente iba a la tienda en la que trabajaba y por eso ganaba muy pocas comisiones. Un día se le ocurrió empezar a vender algunas cosas que tenía y no usaba. Así empezó un negocio en línea y con los meses fue creciendo y creciendo hasta que renunció a su trabajo y se dedicó a tiempo completo a la tienda en línea.	Mirian was a saleswoman in a clothing store, she lived frustrated because few people went to the store where she worked and therefore she earned very few commissions. One day it occurred to her to start selling some things that she had and did not use. So she started an online business and over the months she grew and grew until she quit her job and dedicated herself full time to the online store.

Preguntas

1. ¿Cómo era la vida de Marian?
a) Muy feliz
b) Increíble
c) Fascinante
d) Un poco aburrida
e) Intrigante

2. ¿En dónde trabajaba Marian?
a) En una tienda de ropa
b) En una farmacia
c) En el cine
d) En un restaurante
e) En una pizzería

3. ¿Cómo estaba usualmente la tienda de ropa?
a) Vacía
b) Llena
c) Abarrotada
d) Desolada
e) Cerrada

4. ¿Qué estaba en la esquina de la habitación de Marian?
a) Una gorra
b) Un perfume
c) Un suéter
d) Una mascarilla
e) Una botella

5. ¿En qué se convirtió Marian eventualmente?
a) En una persona increíble
b) En una actriz
c) En una bailarina
d) En una influencer
e) En una trabajadora responsable

Respuestas

1.   D
2.   A
3.   A
4.   B
5.   D

La entrevista mas importante de su vida

Leo era entrevistador, tenía muchos años de experiencia. Cuando era niño quiso estudiar comunicación social y cuando entró a la universidad eso fue precisamente lo que hizo. Pasó mucho tiempo estudiando, haciendo posgrados y otras cosas más para poder entrevistar a personas muy famosas.

-      Quiero hacerles preguntas que otras personas no se atreven a hacer –Decía Leo.

Y así fue, mucho tiempo después entrevistó a personas muy importantes. Primero fue parte de radios nacionales importantes, se convirtió alguien increíble y muy famoso dentro de su país. Después de eso, incluso hizo entrevistas vía internet con personas famosas.

De esa manera, llegó a trabajar no solo en la radio, sino en programas de televisión, tenía un podcast que mucho después abandonó, ya que estaba demasiado ocupado. Se convirtió en un experto en su área y era respetado por todas y todos. Llegó un momento de su vida en el que comenzó a trabajar para una compañía muy importante. Esa compañía se dedicaba a escribir reseñas y entrevistas de personas muy controversiales. Lo más importante de esa compañía era que no pertenecía al área de espectáculos, no, era una compañía seria y por eso llamaron a Leo, porque querían al mejor entrevistador.

Leo recibe una llamada y se dirige al lugar.

-      ¿Cómo estás Leo? Supe que eres el mejor entrevistador que puedo encontrar, por eso te llame –Dijo el jefe, su nombre era Ignacio.

-      Sí, bueno, eso dicen de mí, ¿cómo puedo ayudarlo? –Preguntó

Leo.

- Bueno... Quiero que trabajes conmigo, por eso te llamé –Dijo Ignacio.

- Es... Un gran honor, de verdad, su compañía es increíble y sé que hacen un buen trabajo –Dijo Leo.

- Sí, eso intentamos y, como sabrás, siempre entrevistamos personas importantes y también escribimos sobre ellas –Dijo Ignacio.

- Sí, yo he leído alguna de esas entrevistas y, ciertamente, es impresionante –dijo Leo.

- Sí, así es. ¿Quieres empezar ya? –Preguntó Ignacio.

Leo asintió de inmediato y entró en otra oficina. Durante esos minutos había olvidado todo, quería empezar a trabajar, era un honor ser parte de una compañía tan grande. Sin embargo, una pregunta lo sorprendió.

- Tengo ya un trabajo para ti –Dijo Ignacio y le dio una hoja con una dirección escrita.

Cuando Leo iba conduciendo a su casa, leyó la dirección otra vez.

- ¿Es una prisión? –Dijo cuando llegó a casa.

Al día siguiente despertó temprano, se preparó y salió de casa. Olvidó comer, estaba muy nervioso, pero tenía que hacer un buen trabajo, condujo dos horas, con todos sus instrumentos, pues la entrevista tenía que ser grabada. Llegó a la prisión, allí un guardia lo recibió, lo estaban esperando.

Leo caminó a través de un pasillo, los presos estaban detrás de unas rejas. Después de caminar un poco más, entró en una habitación y allí lo estaba esperando un preso, sentado, con esposas en las manos, dos guardias estaban detrás de él. Leo se sentó, preparó todo y comenzó a hablar.

- Buenas tardes, soy Leo y hoy le haré una entrevista –Dijo Leo.

- Mucho gusto, mi nombre es Marcos, y soy un narcotraficante –

Dijo Marcos.

Ambos se quedaron en silencio, pero Leo continuó la entrevista.

Días después, se publicó la entrevista con el narcotraficante y la fama de la compañía llegó a niveles enormes, gracias a Leo.

Fin de la historia

Resumen/Summary

Español

Leo era un entrevistador muy famoso. Desde hace mucho tiempo estudió mucho para convertirse en el mejor entrevistador del mundo. En cierto punto de su carrera, comenzó a trabajar para una compañía enorme y muy importante y allí conseguiría la entrevista más importante de su vida: iba a entrevistar a un narcotraficante.

English

Leo was a very famous interviewer. For a long time, he studied hard to become the best interviewer in the world. At a certain point in his career, he started working for a huge and very important company, and there he would get the most important interview of his life: he was going to interview a drug dealer.

Preguntas

1. ¿Qué quiso estudiar Leo cuando era niño?
a) Leyes
b) Economía
c) Idiomas modernos
d) Comunicación social
e) Psicología

2. ¿En qué se convirtió Leo?
a) En un experto en su área
b) En un novato
c) En alguien difícil
d) En el peor entrevistador
e) En un buen entrevistador

3. ¿Cómo se llamaba el jefe de Leo?
a) Chris
b) Marcos
c) Julián
d) Ignacio
e) Pedro

4. ¿A quién entrevistó Leo en la prisión?
a) Un cantante
b) Un estudiante
c) Una bailarina
d) Un narcotraficante
e) Un actor

5. ¿Cuántos guardias estaban detrás del narcotraficante?
a) 3
b) 5
c) 2
d) 1
e) 8

Respuestas

1.   D
2.   A
3.   D
4.   D
5.   C

El brazo perdido en la playa

- Abuelo, hemos escuchado una antigua historia sobre ti –Dijo Camila.

- ¿Cuál historia? –Preguntó Chris, el abuelo de Camila.

- Dicen que tu brazo está en el mar. –Respondió Camila.

- Bueno, siéntate, te contaré toda la historia –Dijo Chris.

Chris era un señor que vivía cerca de la playa. Él vivía con su nieta Camila. Muchas personas conocían al señor Chris, era él alguien muy conocido en la playa, era un señor simpático y muy divertido, las personas siempre podían reírse con él y él amaba contar chistes. Sin embargo, había una leyenda que giraba en torno a él.

Las personas decían que su brazo estaba en el mar, porque hace mucho tiempo él luchó con un tiburón. Eso era una leyenda y el señor Chris nunca quiso aclarar eso, sin embargo, su nieta tenía mucha curiosidad, ella quería saber toda la historia. Mucho tiempo había pasado, muchas personas llegaron a esa playa, conocieron al señor Chris, y se marcharon sin conocer la verdad.

- Bueno, querida, hoy sabrás la verdad –Dijo el señor Chris.

Ambos salieron y se sentaron frente al mar, al lado de una palmera. El señor Chris siempre estaba sin camisa, con un pantalón roto y unas sandalias. Su nieta siempre llevaba coletas. Cuando se sentaron, él comenzó a hablar.

- Bueno, ocurrió hace muchos años en esta playa. Yo tenía unos 25 años cuando ocurrió –Dijo el señor Chris.

- Wow, ¿eras tan joven? –Preguntó Camila.

- Sí, jaja, yo también fui muy joven, ¿te sorprende? Pues sí, a esa edad perdí el brazo. Fíjate, yo solía surfear mucho, me encantaba, también podía nadar muy bien. Durante aquellos días, había muchísima gente aquí, créeme. Siempre hacían fiestas, festivales, siempre había una celebración y yo era muy conocido, por eso, yo siempre era invitado –Dijo el señor Chris.

- Impresionante –Dijo Camila.

- Sí, exactamente. Entonces un día, estaban haciendo muchas cosas en el mar, todos estábamos nadando, comiendo, estábamos muy bien. De repente, una persona dijo que vio un tiburón, nadie le creyó, realmente. Antes de eso, nosotros aquí nunca vimos un tiburón, jamás. Así que todo el mundo continuó en el mar, jugando y nadando. Yo no presté atención a ningún tiburón, yo estaba muy concentrado, estaba divirtiéndome en el mar. De repente, escuché muchos gritos –Dijo el señor Chris.

- ¿En serio? –Preguntó Camila.

- Sí, así es. Yo estaba bajo el mar y cuando miro a todos, vi que mucha gente estaba lejos de mí, yo estaba solo. A mi derecha escuché un rugido, cuando volteé, vi que el tiburón estaba tratando de comerme, lo esquivé y traté de nadar muy rápido, pero me atrapó un brazo –dijo el señor Chris.

- ¿Dolió mucho? –Preguntó Camila.

- Sí, muchísimo, el tiburón no me soltaba, y yo no quería morir. Yo sabía que iba a perder el brazo, así que traté luchar con el tiburón para estar libre y así huir. Recuerdo que llegué a la playa y me desmayé. Después desperté en una camilla y ya no tenía mi brazo –Dijo el señor Chris.

- Wow, increíble –Dijo Camila.

- Bueno, sí, ahora ya sabes que esto no es una mentira y que mi brazo sí está en el mar –Dijo el señor Chris.

Ambos rieron, se levantaron y fueron a comer.

Fin de la historia

Resumen/Summary

Español	**English**

El señor Chris perdió un brazo hace mucho tiempo luchando contra un tiburón. Nadie creía que esto era real, todos pensaron que era mentira. Pero, su nieta estaba muy interesada en la historia, así que él le contó todo de principio a fin, para que finalmente ella supiera que era real, que sí luchó con un tiburón.

Mr. Chris lost an arm a long time ago fighting a shark. No one believed this was real, everyone thought it was a lie. But, her granddaughter was very interested in the story, so he told her everything from beginning to end so that finally she would know that it was real, that he did fight a shark.

Preguntas

1. ¿Cómo se llama la nieta del señor Chris?
a) Andrea
b) Luisa
c) María
d) Camila
e) Alejandra

2. ¿En dónde está el brazo del señor Chris?
a) En la playa
b) En la casa
c) En el muelle
d) En el río
e) En el lago

3. ¿En dónde vivía el señor Chris?
a) En la ciudad
b) En un pueblo
c) En el mar
d) Cerca de la playa
e) En otro país

4. ¿Contra qué luchó el señor Chris?
a) Un tiburón
b) Una persona
c) Una ballena
d) Un delfín
e) Un tigre

5. ¿A qué edad el señor Chris perdió su brazo?
a) A los 40
b) A los 25
c) A los 10
d) A los 50
e) A los 30

Respuestas

1. D
2. A
3. D
4. A
5. B

<u>NOTES</u>

About the Author

Acquire a Lot is an organization dedicated to teaching languages effectively, based on an innovative method developed by teachers of the organization, called LRPR, that has the following fundamental pillars to ensure you can acquire the language naturally:

- Listen to stories

- Read stories

- Play games to solidify what you have learned

- Repeat

Acquire a Lot's mission is encouraging language acquisition instead of the traditional method. With the LRPR method, there are no grammar lessons, there are no corrections, and everything is acquired naturally, in the same way a child develops his/her first language.

The book has been developed and written by two teachers of the organization, Sergio and Romina, dedicated to teaching Spanish for more than 10 years.

For more information, you can visit our website:

www.acquirealot.com

Final words

Thank you for being part of this series!

We are still uploading our books, this is not the last one. We are currently working on a full guide of the acquisition process with step by step instructions.

If you enjoyed this book, your brief amazon review could really help us.

Your support really does make a difference, we will read all the comments one by one.

Books In This Series

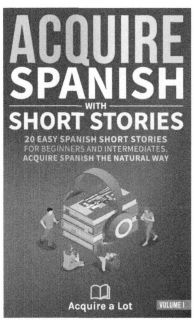

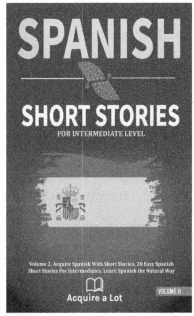

Books By This Author